"*Renovadas* é um convite para que nos tornemos como o Deus a quem adoramos e vejamos suas características revelando-se verdadeiras em nós, povo que ele criou e redimiu. Esta obra de Jen Wilkin oferece uma visão sólida e acessível a uma parcela essencial da teologia cristã. Qualquer crente que leia este livro será beneficiado por sua verdade."

— Trevin Wax, editor de Bíblia e Referência da LifeWay Christian Resources; autor de This Is Our Time: Everyday Myths in Light of the Gospel

"*Eu* tenho um grande problema com este livro: as pessoas vão partir do pressuposto de que foi escrito apenas para mulheres. Mas isso está longe de ser verdade! Deus deu a Jen Wilkin o dom de facilitar a compreensão das grandes verdades, uma notícia excelente para pessoas de inteligência mediana como eu. Todos que desejam aumentar o conhecimento e a paixão por Deus devem ler este livro. Todos que desejam crescer em santidade e ser moldados à imagem de Deus precisam adicioná-lo às suas bibliotecas. Eu o recomendo muitíssimo."

— Stephen Altrogge, autor de Untamable God; criador de The Blazing Center

"*A. W. Tozer* tornou-se famoso ao afirmar que a coisa mais importante e mais influente a nosso respeito é o que pensamos sobre Deus. Jen Wilkin mostra como as melhores respostas quanto ao que deveríamos fazer encontram-se naquilo em que nos transformamos — e aquilo em que nos transformamos é determinado pela visão que temos de Deus. Não existe assunto mais importante que esse. Poucos autores têm a capacidade de comunicar uma verdade tão profunda e de um modo tão simples quanto Jen Wilkin".

— *J. D. Greear, pastor de The Summit Church, Raleigh-Durham, Carolina do Norte; autor de* **Not God Enough** *e* **Stop Asking Jesus into Your Heart**

"*Renovadas* é um livro que está pleno de entendimento teológico, sabedoria pastoral, aplicações para a vida real e muita modéstia. Junto com seu livro anterior, *Incomparável*, esta é uma leitura essencial para se entender como é Deus e como devemos viver à luz disso."

— *Sam Allberry, apologista de Ravi Zacharias International Ministries; editor de The Gospel Coalition; autor de* **Is God Anti-Gay?** *e* **Why Bother with Church?**

"*Este* livro destina-se a todos que se sentem tensos diante de uma tomada de decisão, indagando constantemente se estão ou não seguindo a vontade de Deus. Com muita elegância, Jen Wilkin vira essas perguntas de ponta-cabeça, encorajando-nos a conhecer e contemplar a natureza de Deus e nos permitindo, a partir dessas informações, transformar nossas ações como portadores de sua imagem. *Renovadas* apresenta uma explanação bíblica e prática dos atributos comunicáveis de Deus, de modo que qualquer pessoa possa entender, apreciar e aplicar!"

— *Emily Jensen, cofundadora de* **Risen Motherhood***; coapresentadora do podcast* **Risen Motherhood**

"*Quem* eu devo ser? Essa é uma questão que muita gente não explora, pelo menos não de forma explícita; contudo, a resposta a essa questão é essencial para tudo a nosso respeito como cristãos. Jen Wilkin ajuda a responder a essa pergunta em seu excelente livro *Renovadas*. Wilkin nos leva a considerar os atributos comunicáveis de Deus, ensinando-nos a refletir nosso Deus Criador. Seu estudo cuidadoso da Palavra de Deus e da teologia torna este livro uma leitura obrigatória."

— *Trillia Newbell, autora do livro* **Medos do Coração**

Renovadas

10 MANEIRAS DE REFLETIR
OS ATRIBUTOS DE DEUS

JEN WILKIN

```
W683r   Wilkin, Jen, 1969-
            Renovadas : 10 maneiras de refletir os atributos de
        Deus / Jen Wilkin ; [tradução: Elizabeth Gomes]. – São
        José dos Campos, SP: Fiel, 2019.

            Tradução de: In His image : 10 ways God calls us to
        reflect his character.
            Inclui referências bibliográficas.
            ISBN 9788581325958 (impresso)
                 9788581325965 (ebook)
                 9788581325972 (áudio livro)

            1. Deus (Cristianismo) – Atributos. I. Título.

                                                    CDD: 231.4

        Catalogação na publicação: Mariana C. de Melo Pedrosa – CRB07/6477
```

Renovadas : 10 maneiras de refletir
os atributos de Deus

Traduzido do original em inglês
In His Image: 10 Ways God Calls Us to Reflect
His Character
Copyright © 2018 by Jennifer Wilkin

∎

Publicado por Crossway Books,
Um ministério de publicações de
Good News Publishers
1300 Crescent Street
Wheaton, Illinois 60187, USA.

Copyright © 2018 Editora Fiel
Primeira Edição em Português: 2019
Todos os direitos em língua portuguesa reservados
por Editora Fiel da Missão Evangélica Literária

Todas as citações bíblicas foram retiradas da versão
Almeida Revista e Atualizada, exceto quando
informadas outras versões ao longo do texto.
PROIBIDA A REPRODUÇÃO DESTE LIVRO POR
QUAISQUER MEIOS, SEM A PERMISSÃO ESCRITA
DOS EDITORES, SALVO EM BREVES CITAÇÕES,
COM INDICAÇÃO DA FONTE.

∎

Diretor: Tiago J. Santos Filho
Editor-chefe: Tiago Santos
Editora: Renata do Espírito Santo
Coordenação Editorial: Gisele Lemes
Tradução: Elizabeth Gomes
Revisão: Shirley Lima
Diagramação: Rubner Durais
Capa: Rubner Durais
ISBN impresso: 978-85-8132-595-8
ISBN e-book: 978-85-8132-596-5

Caixa Postal, 1601
CEP 12230-971
São José dos Campos-SP
PABX.: (12) 3919-9999
www.editorafiel.com.br

Em memória de
R. C. Sproul,
que ensinava verdades profundas em uma linguagem simples e dignificava os discípulos do cotidiano como teólogos capacitados.

Sumário

Introdução:
Formulando a Melhor Pergunta 11

1 Santo
Deus Totalmente Santo 21

2 Amoroso
Deus Totalmente Amoroso 37

3 Bom
Deus Totalmente Bom 55

4 Justo
Deus Totalmente Justo 71

5 Misericordioso
Deus Totalmente Misericordioso 89

6 Gracioso
Deus Totalmente Gracioso 107

7 Fiel
Deus Totalmente Fiel 123

8 Paciente
Deus Totalmente Paciente 139

9 Verdadeiro
Deus Totalmente Verdadeiro 155

10 Sábio
Deus Totalmente Sábio 171

Conclusão:
Gravada com sua imagem 187

Introdução

FORMULANDO A MELHOR PERGUNTA

Se você já declarou: "Gostaria apenas de conhecer a vontade de Deus para a minha vida", este livro é para você. Se você já lançou um olhar atento à trajetória de sua vida e indagou a si mesma se estava no caminho certo ou se estava rumando para um abismo, continue lendo este livro. Ao terminar estas páginas, espero que nunca mais tenha de voltar a se questionar sobre qual é a vontade de Deus para você. Pelo menos não da forma como você fazia no passado.

Essa questão da vontade de Deus é uma reflexão singularmente cristã. Quem nunca clamou pelo nome de Jesus Cristo não tem a mínima preocupação em descobrir essa resposta.

Isso revela a percepção do crente de que, para ser um seguidor de Cristo, não é toda opção que está disponível para ele: qualquer que seja o caminho à sua frente, não será amplo, mas, sim, estreito. Deus tem um desejo para a minha vida e, com base em minha história malsucedida de tentar seguir o caminho que parece direito ao ser humano, o melhor a fazer é discernir qual é esse desejo.

Mas essa coisa de discernimento é complicada. Quando refletimos sobre como era nossa vida sem Cristo, tendemos a focar em nossas decisões ruins e nas respectivas consequências. A forma como gastamos nosso tempo e dinheiro, e empenhamos nossos esforços, está diante de nós como uma fita rebobinada que, em vez de nos fazer rir, força-nos a sussurrar: "Nunca mais". Antes de sermos crentes, fazíamos o que considerávamos certo ou o que parecia mais racional à nossa mente obscurecida. Mas agora sabemos que nossos sentimentos são enganosos e que nossa lógica nos trai, tentando servir a nós mesmas. No entanto, não precisamos nos preocupar com isso. Nós temos uma linha direta com Deus. Basta, portanto, que peçamos a ele para nos dizer o que temos de fazer.

Então, de imediato, começamos a ver nossa relação com Deus primariamente como um meio de tomar as decisões mais acertadas. Podemos escorregar para um conceito de Deus como um conselheiro sentimental cósmico, um cronista benevolente de conselhos baratos que domina as perguntas mais difíceis quanto às circunstâncias e aos relacionamentos. Não confiamos em nosso próprio juízo e perguntamos a ele com

INTRODUÇÃO

quem devemos nos casar ou qual emprego devemos aceitar. Perguntamos onde devemos gastar nosso dinheiro ou para qual bairro devemos nos mudar. "O que devo fazer daqui em diante? Guarda-me de cair do penhasco, Senhor. Mantenha-me no caminho estreito."

Em verdade, essas não são perguntas abomináveis para se fazer a Deus. Até certo ponto, essas questões demonstram o desejo de responder à seguinte pergunta: "Qual é a vontade de Deus para a minha vida?". Mostram, portanto, o desejo recomendável de honrar a Deus nos atos de cada dia. Mas não atingem o cerne do que significa seguir a vontade de Deus em nossa vida. Se quisermos que nossas vidas se alinhem à vontade divina, temos de fazer uma pergunta melhor do que apenas "O que devo fazer?".

Nós, cristãs, tendemos a nos concentrar nas decisões que temos de tomar. Se eu escolher A quando deveria ter escolhido B, terei colocado tudo a perder. Se eu escolher B, tudo correrá bem. Mas a Escritura nos ensina que Deus está sempre mais preocupado com aquele que toma as decisões do que com a decisão em si. Veja, por exemplo, Simão Pedro. Quando Pedro enfrentou a decisão A (negue a Cristo) ou a decisão B (reconheça-o), falhou de modo infame. Mas não foi sua incapacidade de tomar boas decisões que o definiu. Pelo contrário, foi a fidelidade de Deus em restaurá-lo. A história de Pedro serve para nos lembrar de que, independentemente da qualidade de nossas escolhas, nem tudo estará perdido.

Isso faz sentido quando paramos para considerar que nenhuma decisão que tomemos poderá nos separar do amor de

Deus em Cristo. Deus pode usar o resultado de qualquer decisão para sua glória e para nosso bem. E isso nos dá segurança. Pedro enfrentava duas opções — e uma delas claramente estava errada. Porém, com frequência temos de escolher entre duas opções que parecem igualmente sábias ou igualmente equivocadas. Muitas vezes, a resposta à pergunta sobre o que devo fazer segue em qualquer uma das duas direções.

Essa situação nos leva a uma questão melhor. No caso do crente que deseja conhecer a vontade de Deus em sua vida, a primeira pergunta não é "O que devo fazer?", mas "Quem devo ser?".

Talvez você já tenha tentado usar a Bíblia para responder à pergunta "O que devo fazer?". Ao enfrentar uma decisão difícil, talvez tenha refletido por algumas horas a respeito de um salmo ou de uma história nos Evangelhos, pedindo que Deus mostre como isso dialoga com seu problema atual. Talvez você se tenha frustrado ao ter apenas o silêncio como resposta, ou pior, ao agir movido por um sinal ou uma "indicação" que, mais tarde, veio a descobrir não ser realmente a vontade do Senhor. Por experiência própria, conheço essa situação melhor do que desejo admitir, e também conheço a vergonha que a acompanha — a sensação de que sou surda à voz do Espírito Santo e de que sou péssima em descobrir a vontade de Deus.

Porém, Deus não esconde sua vontade dos filhos. Na condição de mãe terrena, não costumo dizer a meus filhos: "Há um jeito de me agradar. Vamos ver se vocês conseguem descobrir". E, se eu não escondo minha vontade de meus filhos aqui na terra, menos ainda nosso Pai Celestial vai esconder sua

INTRODUÇÃO

vontade de *seus* filhos. A vontade de Deus não precisa ser descoberta — ela é e está plenamente visível. E, para enxergá-la, precisamos perguntar aquilo que é sua principal preocupação: "Quem devo ser?".

Obviamente, as perguntas "O que devo fazer?" e "Quem devo ser?" estão relacionadas. Mas a ordem em que fazemos essas perguntas é muito importante. Se focarmos em nossas ações sem nos importarmos com nossos corações, podemos acabar nos comportando como melhores amantes de nós mesmas.

Pense nisso. O que adianta eu escolher o melhor emprego se ainda estiver consumida pelo egocentrismo? O que adianta eu escolher a casa ou o cônjuge certos se ainda estiver dominada pela cobiça? Que proveito há em fazer a escolha certa se eu ainda for a pessoa errada? É possível uma pessoa ímpia fazer "boas escolhas". Mas somente a pessoa habitada pelo Espírito Santo fará uma boa escolha com o propósito de glorificar a Deus.

A esperança do evangelho em nossa santificação não é simplesmente que façamos escolhas melhores, mas que nos tornemos pessoas melhores. Essa foi a esperança que levou John Newton a escrever: "Eu estava perdido, mas fui encontrado; era cego, mas agora vejo". E essa é a esperança que inspira o apóstolo Paulo a falar aos crentes: "somos transformados, de glória em glória, na sua própria imagem, como pelo Senhor, o Espírito (2Co 3.18). O evangelho nos ensina que a graça que é nossa por meio de Cristo está, pela obra do Espírito, nos transformando cada vez mais em alguém melhor.

Mas não apenas em uma pessoa melhor. O evangelho começa a nos transformar naquilo que deveríamos ter sido. Ele nos *refaz a imagem*. Quer saber o que deveria ter sido o ser humano? Olhe para o único ser humano que nunca pecou.

FORMADAS E MARCADAS

Perambulando por uma loja de antiguidades há uns 15 anos, encontrei um pequeno vaso verde de cerâmica, de formato agradável. Minha cor favorita é verde, de modo que resolvi comprar esse vaso pelo preço que pediram: dez dólares. Examinando-o melhor, vi o nome "McCoy" em alto-relevo em sua base. Um pouco mais de pesquisa revelou que eu havia feito uma boa compra — meu pequeno vaso de cerâmica McCoy valia quatro vezes o que eu pagara por ele. Mas eu gostei dele simplesmente porque me trouxe prazer quando o vi cheio de flores do meu jardim, em cima da mesa, na entrada de casa. Forma e função em harmonia.

Mas, 15 anos atrás, eu tinha quatro crianças pequenas vivendo em casa. E, em um dia fatídico, meu pequeno vaso estava tombado no chão de cerâmica. Quebrou-se, mas não por completo, a ponto de não poder ser consertado. E, com uma tristeza maior do que conseguia reconhecer, juntei os pedaços com supercola, mas seus dias de portar flores e água oficialmente haviam terminado. Hoje, o vaso está numa prateleira de livros na minha sala. Na base, ainda está escrito "McCoy" e ele ainda tem um formato que declara sua beleza e seu propósito, mas sua capacidade de fazer aquilo para o qual foi criado agora está limitada. Quanto mais perto estamos dele, mais evidentes se tornam suas rachaduras. E, hoje, eu não conseguiria dez dólares nele, por mais que tentasse. Mas eu ainda o amo, quebrado ou não.

De algumas maneiras importantes, nós mesmas somos como esse vaso rachado. Pense no recontar ritmado da história da criação em Gênesis 1. Por cinco dias, ouvimos Deus dizer: "Haja..." e qualquer coisa que ele declara imediatamente vem à existência — e é boa. Luz e trevas, terra, mar, céus e todo tipo de plantas e animais tomam seu devido lugar na ordem certa. No sexto dia da criação, o ritmo da narrativa é quebrado de maneira notável. A palavra "Haja" torna-se "Façamos". E o relato da criação passa a ser maravilhosamente pessoal e distinto. E maravilhosamente poético:

> "Criou Deus, pois, o homem à sua imagem;
> à imagem de Deus o criou;
> homem e mulher os criou" (Gn 1.27).

Deus criou a humanidade e imprimiu em nós sua marca. Criou-nos portadoras de sua imagem, para que sejamos suas representantes no trabalho, no lazer, no culto de adoração. Forma e função em perfeita harmonia. E, mesmo depois da catástrofe devastadora de Gênesis 3, ainda assim portamos sua imagem, embora não trabalhemos, descansemos ou adoremos como deveríamos fazer. Para ele, ainda temos valor — toda vida humana tem. Somos vasos rachados, projetados para demonstrar beleza, embora vazemos por cada fissura. Deus redime os portadores de sua imagem quando envia seu Filho como perfeito portador de sua imagem. Cristo é "o resplendor da glória e a expressão exata do seu Ser, sustentando todas as coisas pela palavra do seu poder" (Hb 1.3). Para cada vaso rachado que está sendo milagrosamente restaurado pela graça, ele é a resposta à melhor pergunta: "Quem devo ser?".

Qual é a vontade de Deus para a sua vida? Em termos simples, que você seja como Cristo! "Porquanto aos que de antemão conheceu, também os predestinou para serem conformes à imagem de seu Filho, a fim de que ele seja o primogênito entre muitos irmãos" (Rm 8.29). A vontade de Deus é que as rachaduras na imagem que portamos sejam reparadas, para que possamos representá-lo como fomos criadas para ser, para que cresçamos cada vez mais em semelhança com nosso irmão mais velho, Cristo, em quem a forma e a função se mostram sem máculas. "Este é a imagem do Deus invisível, o primogênito de toda a criação" (Cl 1.15). Como tal, ele nos serve como modelo e guia: "Porquanto para isto mesmo fostes chamados, pois que também Cristo sofreu em vosso lugar, deixando-vos exemplo para seguirdes os seus passos" (1Pe 2.21). Como o apóstolo João ressaltou, "aquele que diz que permanece nele, esse deve também andar assim como ele andou" (1Jo 2.6). Se quisermos ser parecidos com ele, temos de andar como ele andou.

UM CAMINHO ESTREITO E SEGURO

Certa vez, subi num platô no Novo México cujo cume fora o lar dos indígenas americanos por muitos séculos. Como não

INTRODUÇÃO

havia fonte de água no topo, seus habitantes faziam viagens diárias ao vale para carregar a água necessária à sua sobrevivência, levando-a até lá em cima. O resultado é um caminho estreito cavado na rocha, uma espécie de canal contínuo, de cinco polegadas de profundidade, que serpenteia a face íngreme do penhasco. A largura é suficiente apenas para seguir um pé na frente do outro. É necessário ter muita concentração para manter o equilíbrio nesse caminho estreito, mas não há dúvida de que, assim, você estará seguindo a rota mais segura.

É isso que significa seguir os passos de Cristo. O caminho à frente para a subida não é largo, mas bem estreito. Fazer a pergunta "Quem devo ser?" significa indagar onde colocar inicialmente o pé nessa trilha estreita. A cada passo adiante, cada vez mais, "vos revestistes do novo homem que se refaz para o pleno conhecimento, segundo a imagem daquele que o criou" (Cl 3.10). Sim, a vontade de Deus é um caminho estreito para aqueles que andam por ele. Mas não vagamos sem rumo, como aqueles que não sabem onde sua vontade quer que ocorra o próximo passo, correndo o risco de cair da escarpa. Simplesmente seguimos os passos de nosso Salvador, Jesus Cristo.

Este é um livro que visa, de uma vez por todas, responder à pergunta sobre a vontade de Deus para nossas vidas. Tem o objetivo de iluminar o caminho estreito para as pessoas que se tornaram esquecidas ou perguntaram a si mesmas se porventura é possível encontrar esse caminho. O caminho estreito não está escondido. Como a subida até o topo do platô, os pés fiéis de muitos santos já desgastaram e aprofundaram esse caminho, com os olhos fixos no fundador e aperfeiçoador da fé, aquele que trilhou esse caminho antes de nós. Ele se mostra para aqueles que aprenderam a perguntar "Quem devo ser?" e a olhar para a pessoa de Cristo, em busca de resposta. Ele se mostra aos que têm o mais profundo desejo e o mais caro deleite em trilhar — segundo sua imagem — cada passo cuidadosamente dado de cada vez.

1
Santo

DEUS TOTALMENTE SANTO

"A repetição é a mãe do aprendizado."
Provérbio romano

"Mãe, a minha cabeça está latejando e eu tenho de ir à aula. Já tomei um copo d'água." "Mãe, estou muito ansiosa com a minha prova. Você ora por mim? Já tomei um copo d'água."

Esses dois textos foram produzidos por dois membros da família Wilkin em idade colegial, em dois dias diferentes, na mesma semana. Para alguém que desconhece nossa família, essas mensagens para a ave-mãe dos filhotes que agora estão voando são, em parte, autoexplicativas e, em parte, soam estranhas. Mas, para meus filhos, fazem pleno sentido. Durante toda a sua vida, ao reportarem qualquer mal-estar, receberam a seguinte sugestão: "Tente tomar um copo d'água".

Renovadas

Com frequência, meus filhos têm zombado de mim por causa desse conselho de solução caseira que sempre dou. Eles brincam que, se mandassem mensagem de texto dizendo que perderam um braço ou uma perna, eu aconselharia que tomassem um copo d'água para se hidratar.

Imagine, então, minha satisfação quando, um dia, assistindo ao noticiário da noite, com meu caçula sentado à minha direita, ouvi a declaração de um médico de que o melhor primeiro passo para resolver dores de cabeça e outros desconfortos comuns é... você adivinhou! A cara que o Calvin fez indicou que ele já havia chegado à conclusão correta: agora ninguém mais suportaria viver comigo. Felizmente para ele, sua formatura é este ano. Talvez até o momento de ele deixar o ninho eu já terei recebido, das autoridades competentes, meu diploma de médica honorária.

"Experimente tomar um copo de água", essa é apenas uma das muitas frases gravadas na psique de meus filhos. Os pais repetem as coisas. Muitas coisas. Especialmente para os filhos pequenos. Quando deixávamos os filhos com a babá, minhas últimas palavras eram sempre: "Sejam bondosos uns com os outros!". Antes de saírem para brincar na casa de um amiguinho, a pergunta padrão era: "Você já limpou seu quarto?". E na hora de dormir: "Já escovou os dentes?".

Repetimos o que queremos que os outros relembrem. E aprendemos aquilo que ouvimos repetidas vezes. À medida que meus filhos iam ficando mais velhos, eles não esperavam mais os lembretes verbais. Ao pedir para ir à casa de um amigo, eles já iam logo falando: "Mãe, meu quarto está limpo e já terminei meu dever de casa". A repetição já fez a sua tarefa.

Não é surpresa que o repositório da maior sabedoria sobre a terra utilize essa ferramenta de modo regular. Quando prestamos atenção àquilo que a Bíblia repete, entendemos o que mais ela quer que aprendamos e recordemos.

QUEM É DEUS?

Minha intenção explícita para este livro é que aprendamos a identificar a vontade de Deus para nossas vidas.

Nossa inclinação consiste em discernir a vontade de Deus perguntando: "O que devo fazer?". No entanto, a vontade de Deus aborda principalmente *quem* somos e, só secundariamente, o que fazemos. Ao mudarmos a pergunta para "Quem devo ser?", vemos que a vontade de Deus não está oculta de nós em sua Palavra, mas, ao contrário, encontra-se claramente revelada.

A Bíblia responde, de um modo bem claro, à pergunta "Quem devo ser?" dizendo: "Seja como Jesus Cristo, a imagem perfeita de Deus em forma humana". A vontade de Deus para nossas vidas é que nos conformemos à imagem de Cristo, cuja encarnação nos mostra uma humanidade perfeitamente conformada à imagem de Deus. Neste livro, consideramos como demonstrar semelhança com nosso Criador. Mas, como a resposta da Bíblia à pergunta "Quem devo ser?" é "Seja como a verdadeira imagem de Deus", temos de perguntar "Quem é Deus?".

Os teólogos têm garimpado as Escrituras por séculos a fio para responder a essa questão. Em meu benefício, Stephen Charnock, Arthur Pink, A. W. Tozer e R. C. Sproul têm explorado a natureza ilimitada de Deus e, por extensão, provado que eu não sou competente a me aventurar a tanto.[1] Qualquer texto de teologia sistemática lista e examina os atributos de Deus. Nestas páginas, espero ter a visão grandiosa de Deus que é apresentada em outros lugares e fazer mais uma pergunta: "Como o conhecimento de que Deus é _____ pode mudar meu modo de vida?".

Em outro lugar, já examinei as implicações de dez dos atributos incomunicáveis de Deus que poderiam preencher essa lacuna, as características que são verdadeiras apenas em relação a Deus.[2] Somente Deus é infinito, incompreensível, autoexistente, autossuficiente, eterno, imutável, onipresente, onisciente, onipotente e soberano. Quando tentamos nos tornar como ele em qualquer uma dessas características, colocamo-nos em uma posição de rivais dele. Os seres humanos, criados para *portar a imagem de Deus*, aspiram, assim, *a se tornar como Deus*. Procuramos alcançar esses atributos que pertencem somente a Deus, que cabem somente em um ser sem limites. Em vez de adorarmos e confiarmos na onisciência de Deus, queremos, nós mesmas, ser oniscientes. Em vez de celebrarmos e reverenciarmos sua onipotência, buscamos onipotência em nossa própria esfera de influência. Em vez

---

1 Veja meu livro *Incomparável*. São José dos Campos: Editora Fiel, 2018.
2 Idem, ibidem.

de repousarmos na imutabilidade de Deus, apontamos para nossos próprios modelos calcificados de pecado, declarando-nos imutáveis e inalteráveis. Como nosso pai Adão e nossa mãe Eva, ansiamos por aquilo que pertence somente a Deus, rejeitando nossas limitações impostas por ele, e, almejando a infinitude, acreditamos, de forma tola, que somos capazes de lidar com ela e temos o direito de possuí-la.

Desejar um atributo incomunicável é o mesmo que escutar a sedução da Serpente: "Sereis como Deus". É a inclinação natural do coração pecaminoso, mas, assim como aqueles a quem foi dado um novo coração, com novos desejos, temos de aprender a desejar outros atributos diferentes, que são apropriados a um ser limitado e descrevem a vida abundante que Jesus veio nos dar, os chamados *atributos comunicáveis* de Deus, aqueles cujas características dele podem tornar-se verdadeiras também em nós.

Deus é santo, amoroso, justo, bom, misericordioso, gracioso, fiel, verdadeiro, paciente e sábio. Quando falamos de ser "conformados à imagem de Cristo", é essa lista que estamos descrevendo. É essa lista que pretendo examinar: dez atributos que nos mostram como refletir quem Deus é, tal como Cristo fez. Por exemplo, quanto mais graciosa me torno, mais reflito Cristo, a imagem perfeita de Deus.

Mas por onde deve começar esse reflexo? Qual é a primeira coisa que vem à mente quando penso em Deus?[3] Existe uma

---

3 Esse pensamento é adaptado das primeiras linhas do clássico de A. W. Tozer, *Mais perto de Deus*: "O que vem à nossa mente quando pensamos em Deus é a coisa mais importante no que diz respeito à nossa própria pessoa" (São Paulo: Mundo Cristão, 1980, p. 7).

resposta certa? Pessoalmente, defendo o argumento de que, sim, existe. Basta inclinarmos nossos ouvidos à mãe do aprendizado — a repetição.

AS COISAS MAIS IMPORTANTES EM PRIMEIRO LUGAR

Se for verdade que repetimos aquilo que é mais importante, surge claramente um atributo de Deus que está no topo da lista: santidade. A santidade pode ser definida como o somatório de toda a excelência moral, "a antítese de todo erro ou desvio moral".[4] O conceito traz consigo as ideias de ser separado, sagrado e destacado, de ter completa pureza de caráter.

Seguindo a lei da repetição, a Bíblia requer que nosso primeiro pensamento em relação a Deus seja que ele é santo. A palavra *santo* aparece quase setecentas vezes na Bíblia. Em sua forma verbal, *santificar* aparece mais duzentas vezes. Essas menções a *santo* em todas as suas formas estão relacionadas a coisas, pessoas e lugares, mas tudo está ligado ao próprio Deus de maneira impressionante. Nenhum outro atributo está tão ligado ao nome de Deus com tanta frequência do que a santidade. Vinte e nove vezes, a Bíblia menciona seu "santo nome". Ele é chamado "o Santo de Israel" 25 vezes só no livro de Isaías.

A santidade de Deus, sua total pureza de caráter, é o que o distingue de todos os outros rivais:

---
4 Arthur Walkington Pink, *Os Atributos de Deus*. São Paulo: Editora PES, 2016.

"Ó Senhor, quem é como tu entre os deuses? Quem é como tu, glorificado em santidade, terrível em feitos gloriosos, que operas maravilhas?" (Êx 15.11)

"Não há santo como o SENHOR; porque não há outro além de ti; e Rocha não há, nenhuma, como o nosso Deus" (1Sm 2.2).

Os deuses do Egito e de Canaã, da Grécia e de Roma, entre suas outras limitações, não reivindicavam ter plena pureza de caráter. As crônicas de seus feitos se assemelham mais a um *reality show* de televisão do que a um texto sagrado, forçando seus devotos a contemplar, como *voyeurs*, suas peripécias escabrosas. Mas o Deus de Israel possui uma santidade tão ofuscante que ninguém pode olhar para ele e viver; possui uma pureza moral tão avassaladora que nem os seres angélicos, que não têm pecado e habitam em sua presença imediata, suportariam olhar para ele; em vez disso, eles protegem o olhar com suas asas:

"(...) não têm descanso, nem de dia nem de noite, proclamando: Santo, Santo, Santo é o Senhor Deus, o Todo-Poderoso, aquele que era, que é e que há de vir!" (Ap 4.8; cf. Is 6.3).

Não sou especialista em seres angelicais, mas parece provável que a *primeira coisa* que vem à mente quando eles pensam em Deus é revelada na única coisa que repetem sem cessar: santo, santo, santo.

Eis uma repetição especialmente digna de nossa atenção. Era comum os rabinos empregarem a dupla repetição para enfatizar um ponto, e nós vemos Jesus empregando a mesma técnica em seu ensino, com frases como: "Em verdade, em verdade vos digo" e "Muitos, naquele dia, hão de dizer-me: Senhor, Senhor!". R. C. Sproul escreve:

> Somente uma vez nas Escrituras Sagradas um atributo de Deus é mencionado três vezes sucessivamente. A Bíblia diz que Deus é santo, santo, santo. Não que ele seja meramente santo, ou mesmo santo, santo. Ele é santo, santo, santo. A Bíblia nunca afirma que Deus é amor, amor, amor; ou misericórdia, misericórdia, misericórdia; ou ira, ira, ira; ou justiça, justiça, justiça. Ele é santo, santo, santo, e toda a terra está cheia de sua glória.[5]

Repetimos aquilo que mais queremos lembrar, o que é mais importante, bem como aquilo que esquecemos com mais facilidade. O povo de Deus pode esquecer-se do que a Bíblia exalta como o mais elevado atributo de Deus, e escolhe enfatizar outro em seu lugar. Algumas igrejas costumam repetir quase exclusivamente que ele é amável. Outras repetem quase exclusivamente que ele é justo. A primeira coisa que vem à mente quando pensamos a respeito de Deus pode ser mais fortemente influenciada

---

5 R. C. Sproul, *A santidade de Deus*. São Paulo: Cultura Cristã: 2008, p. 30.

por nossa origem familiar do que pela própria Bíblia. Mesmo que a Bíblia repita muito sobre a santidade de Deus, nossas igrejas evitam fazê-lo. Se a pureza absoluta de Deus faz com que os anjos desviem o olhar direto, pregar a santidade pode não agradar muito a multidão. Melhor, então, é enfatizar o amor, para que todo mundo se sinta bem-vindo, ou enfatizar a sua justiça, para que todo mundo se comporte bem.

Deus merece nossa adoração por ambos os motivos: seu amor e sua justiça. Mas seu amor e sua justiça são imbuídos e definidos por sua santidade — ele não somente ama; ele ama com total pureza de caráter. Ele não apenas age com justiça; ele age com justiça por causa de sua pureza absoluta de caráter. Se enfatizarmos qualquer um dos atributos citados que não seja a santidade, estaremos formando-o conforme nossa própria imaginação ou segundo nossa própria motivação. Seu amor torna-se amor em termos humanos, e não amor santo. Sua justiça torna-se justiça em termos humanos, e não justiça santa.

Quando compreendemos sua santidade, somos transformadas por essa revelação. O conhecimento de Deus e o conhecimento de si sempre caminham juntos. Nós nos vemos de maneira diferente quando vemos Deus como ele é. Entendemos nosso chamado para refletir a Deus como Cristo fez, de um modo novo.

SANTO COMO ELE É SANTO

Eu esperaria que a primeira coisa na qual deveríamos pensar em relação a Deus fosse algo incomunicável — algo típico apenas do Todo-Poderoso —, mas não é. A santidade é um atributo de Deus que podemos refletir. Reserve alguns instantes para se maravilhar com esse pensamento.

A santidade permeia o chamado cristão por inteiro. Está no cerne do evangelho. Não fomos apenas salvas *da depravação*; somos salvas *para a santidade*. A conversão requer consagração.

A Bíblia apresenta a santidade como tendo sido dada a nós e requerida de nós. E diz: "Em Cristo, vocês foram feitos santos. Agora, sejam santos".

Hebreus 10.10 nos assegura: "Nessa vontade é que temos sido santificados, mediante a oferta do corpo de Jesus Cristo, uma vez por todas". Que verdade bendita! O sacrifício de Cristo nos concede santidade posicional diante de Deus. No entanto, a Bíblia descreve não apenas santidade posicional, mas também santidade prática. Mais uma vez, a repetição serve como mestre. O Antigo Testamento fala da santidade com um tom imperativo — e faz isso repetidas vezes:

> "Pois eu sou o SENHOR, o Deus de vocês; consagrem-se e sejam santos, porque eu sou santo. Não se tornem impuros com qualquer animal que se move rente ao chão. Eu sou o SENHOR, que os tirou da terra do Egito para ser o seu Deus; por isso, sejam santos, porque eu sou santo" (Lv 11.44-45, NVI).

> "Diga o seguinte a toda comunidade de Israel: Sejam santos porque eu, o Senhor, o Deus de vocês, sou santo" (Lv 19.2, NVI).

"Portanto, santificai-vos e sede santos, pois eu sou o SENHOR, vosso Deus" (Lv 20.7);

"Ser-me-eis santos, porque eu, o SENHOR, sou santo e separei-vos dos povos, para serdes meus" (Lv 20.26).

Podemos ser tentadas a descartar essas instruções como apenas mais uma parte estranha de um livro estranho do Antigo Testamento, como algo que não se aplica mais àqueles que estão sob a nova aliança. No entanto, o Novo Testamento encontra essas palavras ecoadas nos lábios do próprio Jesus, no Sermão do Monte. Ele desconstrói as leis do Antigo Testamento sobre homicídio, adultério, divórcio, juramento, retaliação e sobre como tratar os inimigos, apontando para uma obediência mais profunda, não apenas de atos externos, mas também de motivos internos. Aqui está a justiça que excede a dos escribas e fariseus. Qual declaração ele escolhe para concluir seu ponto de vista? "Portanto, sede vós perfeitos como perfeito é o vosso Pai celeste" (Mt 5.48).

Trata-se de uma declaração tão assustadora que nos sentimos tentadas a achar que ele a emprega pelo valor do choque que causa. Certamente é apenas Jesus empregando uma hipérbole. Mas isso não soa como alguém sentado a seus pés na encosta de uma montanha teria ouvido. Uns trinta anos mais tarde, Pedro escreve a um grupo de crentes recém-convertidos:

"Como filhos da obediência, não vos amoldeis às paixões que tínheis anteriormente na vossa ignorância;

pelo contrário, segundo é santo aquele que vos chamou, tornai-vos santos também vós mesmos em todo o vosso procedimento" (1Pe 1.14-16).

Pedro repete o que foi repetido para ele. Não se conformem com quem vocês eram. Sejam reformados para aquilo que vocês devem ser. Sejam santos como Deus é santo.

Se você ainda estiver se perguntando qual é a vontade de Deus para sua vida, permita que o apóstolo Paulo remova qualquer vestígio de confusão: "Pois esta é a vontade de Deus: a vossa santificação [...] porquanto Deus não nos chamou para a impureza, e sim para a santificação" (1Ts 4.3, 7).

Em termos simples, a vontade de Deus para sua vida é que você seja santa. Que viva uma vida separada. Que, pelo poder do Espírito Santo, você se esforce para ter total pureza de caráter (Hb 12.14). Toda admoestação contida na totalidade da Escritura reduz-se a isso. Toda advertência, toda lei e todo encorajamento se curvam diante desse propósito, que a tudo engloba. Toda história em todo canto de todo o livro da Bíblia repete esse chamado. Sede santos, pois ele é santo.

PERSEGUINDO A SANTIDADE

Como nossa conversão afeta nossa consagração, aqueles que recebem a santidade posicional serão compelidos a buscar a santidade prática. Como observa o teólogo Jerry Bridges: "A verdadeira salvação traz consigo o desejo de se fazer santo".[6]

---

6 Jerry Bridges, *A busca da santidade*. Brasília: Editora Monergismo, 2017.

Crescer em santidade significa crescer no ódio ao pecado. Mas refletir o caráter de Deus envolve mais do que nos livrarmos da indumentária de nossos antigos caminhos. Requer que nos revistamos da nova roupagem de nossa nova herança. Crescer em santidade significa crescer em amor, justiça, bondade, misericórdia, graça, fidelidade, verdade, paciência e sabedoria. Significa aprender a pensar, falar e agir como Cristo a toda hora e em todos os dias que Deus nos concede caminhar sobre esta terra como redimidas.

Há alguns anos, fui a Detroit no começo de janeiro, com o propósito de visitar meu irmão. Achei que havia colocado roupas quentes na mala, mas, quando o avião pousou e eu desci numa temperatura inferior a -16°C, logo me dei conta de que, independentemente do que houvesse trazido na mala, eu estava despreparada. Esta texana não possuía roupas adequadas para temperaturas abaixo de zero. Meu irmão divertiu-se, zombando de mim por causa de meu sotaque, de meu casaco leve e da falta de cachecol e gorro, além dos meus calçados inadequados. Sem o costume de viver em um lugar com neve, constantemente eu me esquecia de tirar os sapatos ao entrar em casa.

Quando meu irmão se mudou do Texas para Detroit, trinta anos antes, sem dúvida também parecia tão despreparado e inadequado quanto eu. Mas, com o passar do tempo, ele aprendeu a se livrar de suas roupas antigas, do sotaque e dos hábitos texanos, colocando, em seu lugar, roupas, sotaque e hábitos que combinavam com sua nova condição de morador do estado do Michigan. Ele se "aclimatou" ao seu novo ambiente.

A santidade é assim. Trata-se de um processo de aclimatação por meio do qual aprendemos a nos comportar como filhas de Deus, e não como filhas da ira. Quanto mais nos vestimos em novidade de vida, mais incongruentes se tornam nossos antigos ambientes e mais à vontade nos sentimos ao lado daqueles que são redimidos. E nossa separação se tornará cada vez mais evidente àqueles que antes andavam junto conosco. Nossa conversão vai afetar nossa consagração, uma santidade que nos é necessária, mas também uma santidade que desejamos acima de tudo. Pois esta é a vontade de Deus: nossa santificação.

Nota: *Ao final de cada capítulo, você encontrará versículos, perguntas e um estímulo para oração que vão ajudá-la a lembrar e aplicar o que leu. Pense em manter um diário no qual você copie ou parafraseie cada um desses versículos para meditação, anotando o que cada um deles acrescenta ao seu entendimento do atributo examinado no respectivo capítulo. Registre, em seu diário, as respostas a essas perguntas, bem como sua oração em resposta.*

VERSÍCULOS PARA MEDITAÇÃO
Levítico 19.2
Jó 34.10
Isaías 47.4
Habacuque 1.13
Mateus 5.48
Hebreus 12.14

PERGUNTAS PARA REFLEXÃO

1. Como você vê a vontade de Deus para sua vida, principalmente em relação a "O que fazer" *versus* "Quem devo ser"? Pense em alguma decisão importante e atual que você esteja enfrentando. Seus pedidos de oração são limitados a resultados específicos? Suas orações excluem um pedido simples para você ser santificada? Como será possível mudar suas orações no que se refere a essa resolução-chave?
2. Descreva um período em sua vida no qual você experimentou forte consciência do pecado. Qual foi a causa dessa tomada de consciência? Qual foi o resultado?
3. Pense na pessoa mais santa que você conhece. Qual era a motivação básica dessa pessoa para ter um comportamento correto?
4. Como o desejo de crescer em santidade pode impactar positivamente em nosso relacionamento com Deus? Como isso pode impactar positivamente nossos relacionamentos com o próximo? Dê um exemplo específico de cada situação.

ORAÇÃO

Escreva uma oração a Deus pedindo que lhe mostre seu pecado em contraste com sua santidade. Peça que ele construa em você aversão às coisas não santas, para que você possa refletir melhor sua verdadeira natureza. Agradeça a ele por você ter sido feita posicionalmente santa em Cristo e por estar sendo santificada na prática pelo poder do Espírito.

2
Amoroso

DEUS TOTALMENTE AMOROSO

> *O amor de Deus é bem maior*
> *Que língua ou pena possam expressar;*
> *Vai muito além da mais alta estrela,*
> *E alcança o inferno mais profundo.*
> — *Frederick M. Lehman, 1917*

É difícil falar do amor de Deus. Se existe algum atributo divino abarrotado de bagagem, é este aqui.

Parte dessa bagagem é linguística. Para os falantes nativos de inglês, *amor* [*love*] é um termo usado de forma genérica e indiscriminada. Amo meu marido. Também amo frituras. E, certamente, há um modo melhor de captar a nuance entre um e outro tipo de amor.

Mas outra parte de sua bagagem é cultural. Nossa cultura ama o amor. Bem, pelo menos o amor romântico. É quase véspera do Dia dos Namorados quando estou começando a escrever este capítulo. Portanto, de forma previsível, ao procurar

Renovadas

um filme para assistir na sexta-feira à noite, nosso serviço de buscas sugeriu diversos filmes românticos. Você consegue adivinhar qual foi o maior drama romântico de todos os tempos? Recebendo quase $700 milhões de dólares, é uma pequena narrativa sobre dois personagens chamados Jack e Rose, cuja história de amor de quatro dias tem como palco um trágico navio de cruzeiro fadado a afundar. Talvez você tenha ouvido falar dessa história.[1]

Porém, a história de amor mais tocante que ouvi recentemente não é aquela do filme com Jack e Rose. É a história de Jack e Lucille Cannon, de Dallas, no Texas. Em 2016, eles comemoraram 75 anos de casamento, uma história que chegou às manchetes do noticiário local. Na casa de seus noventa anos, eles estão curvados e de cabelos brancos. Os dois utilizam andadores para se locomover pela pequena casa que construíram em 1941, por $3.500 dólares, na qual vivem desde então. Quando o repórter perguntou o que era necessário para fazer um casamento durar tanto, Lucille mencionou uma amizade profunda e elaborou uma resposta filosófica: "Você tem de ceder um pouco...". Jack, então, a interrompeu, sorrindo, com um jeito sagaz: "Você tem de ceder muito [em um tom cômico de falsete] — ceder *muito*!". Lucille se desmanchou em risadas.

O enredo de seus 75 anos juntos não surpreende: conheceram-se na igreja, criaram uma família, envelheceram juntos e nunca perderam um domingo de culto. A entrevista foi vista

---

[1] "Romantic Drama 1980-present", Box Office Mojo. Acesso em 26 jun. 2017. Disponível em http://www.boxofficemojo.com/genres/chart/?id = romantic drama.htm.

por uma pequena parcela de milhões de pessoas que já assistiram ao filme *Titanic* e não vai receber premiação alguma.[2] Mas é um tesouro. Embora um amor romântico turbulento venda ingressos no cinema, o amor firme e altruísta que sobrevive à prova do tempo é uma pérola de altíssimo preço.

AMOR EM QUATRO PALAVRAS

De todos os seus atributos, o amor de Deus talvez seja o mais difícil de conceber fora das versões atenuadas e humanas de amor que dão forma ao nosso entendimento. O amor humano, até mesmo em seus melhores momentos, é apenas um sussurro do amor puro e santo de Deus. E, embora possamos apreciar o amor entre amigos ou membros da família, tendemos a conferir maior valor ao amor romântico. O desenfreado sucesso do filme *Titanic* atesta o culto que nossa cultura presta ao romance. Viver uma vida sem amigos ou família pode até ser suportável, mas viver sem um amante? Impensável.

Nosso culto do romance passou a reformular o jeito como falamos das pessoas e das coisas, oferecendo alternativas à homogeneidade sem graça do verbo *amar*. Chamamos a amizade entre homens de "bromance". Somos "apaixonadas", "obcecadas", "devastadas", temos "uma queda" ou "todo sentimento possível" por tudo — desde bebês recém-nascidos até novos sabores de sorvete. Dizer apenas que amamos não

---

2 Marcus Moore, "Couple Celebrates 75th Wedding Anniversary", WFAA.com. Acesso em 17 mar. 2016. Disponível em http://www.wfaa.com/features/couple-celebrates-75th-wedding-anniversary/31561702.

basta, pois as formas não romantizadas de amor não conotam emoções avassaladoras.

Algumas vezes, até mesmo convidamos nossa adoração ao romance a invadir nosso culto a Deus. Veja, por exemplo, a letra conhecida, "So I'll let my words be few —Jesus, I am so in love with you" [Que sejam poucas as minhas palavras — Jesus, estou tão apaixonado por ti"]. A Amazon oferece múltiplos títulos de livros, camisetas e arte motivacional insistindo em que os cristãos "se apaixonem por Jesus", que "se entreguem ao maior romance de suas vidas". Se Cristo é o noivo e a igreja é sua noiva, essa linguagem pode não estar totalmente fora de propósito. Mas a Bíblia apresenta nosso relacionamento com Cristo em termos menos semelhantes ao romance avassalador de Jack e Rose e mais similares ao compromisso constante de Jack e Lucille.

É provável que a língua inglesa precise de mais algumas palavras para descrever o amor. Mas não a língua em que a Bíblia foi escrita. O idioma grego dos dias de Jesus, que também é a língua do Novo Testamento, distingue quatro espécies diferentes de amor, usando uma palavra específica para cada uma delas. Nossa familiaridade com elas nos ajuda a entender melhor como a Bíblia descreve o amor de Deus, e também pode nos ajudar a desfazer um pouco da neblina cultural que envolve nossos próprios conceitos do que seja amor.

Eros é o termo empregado para descrever o amor romântico.

Filos é o vocábulo usado para descrever o amor fraternal.

Storge é usado para descrever o amor de uma mãe ou de um pai por seu filho.

Ágape é a palavra usada para descrever o amor de Deus.[3]

Como a Bíblia usa esses termos? Em sua forma substantiva ou verbal, a palavra *filos* é empregada 54 vezes no Novo Testamento. *Storge* e *Eros* não ocorrem nenhuma vez. A palavra *ágape*, por sua vez, ocorre incríveis 259 vezes.[4]

COMO ÁGAPE TRANSCENDE TUDO

Embora nossa noção trivial de amor seja a de que é uma emoção a ser vivenciada, ágape é um ato de vontade, "uma atitude inteligente, proposital, de estima e devoção; uma atitude altruísta, proposital, que deseja fazer bem à pessoa amada".[5] Em outras palavras, ágape não apenas sente; ele age. E a Bíblia descreve 259 vezes um amor que age.

Ágape é a palavra que o apóstolo Paulo usa para descrever por que Deus enviou seu Filho:

> "Mas Deus prova o seu próprio amor [ágape] para conosco pelo fato de ter Cristo morrido por nós, sendo nós ainda pecadores" (Rm 5.8).

Ágape é a palavra que Jesus usa para instruir seus discípulos sobre aqueles que os odeiam:

---

[3] Embora tenham sido amplamente exploradas, talvez a discussão menos conhecida dessas ideias seja a de *Os quatro amores*, de C. S. Lewis (Rio de Janeiro: Thomas Nelson Brasil, 2017).

[4] Tal como acontece na língua portuguesa, a mesma palavra pode ser usada de modo diferente, dependendo do contexto. Em alguns contextos, *filos* e *ágape* são intercambiáveis (como em João 21.15-17). Embora uma contagem do uso específico de uma palavra possa trazer algum entendimento acerca da mensagem do Novo Testamento, o tema do amor incondicional e ativo manifestado por Deus em relação ao crente, e do crente em relação ao seu próximo, inegavelmente permeia tudo.

[5] Kenneth Wuest, *Wuest's Word Studies in the Greek New Testament*. Grand Rapids, MI: Eerdmans, 1975, 3:111-13.

"Amai [Ágape], porém, os vossos inimigos, fazei o bem e emprestai, sem esperar nenhuma paga; será grande o vosso galardão, e sereis filhos do Altíssimo. Pois ele é benigno até para com os ingratos e maus" (Lc 6.35).

Não somos deixadas a indagar qual é o escopo ou a natureza de ágape. É ágape que 1 Coríntios 13.4-8 (a passagem conhecida que lemos nos casamentos) descreve:

"O amor [ágape] é paciente, é benigno; o amor [ágape] não arde em ciúmes, não se ufana, não se ensoberbece, não se conduz inconvenientemente, não procura os seus interesses, não se exaspera, não se ressente do mal; não se alegra com a injustiça, mas regozija-se com a verdade; tudo sofre, tudo crê, tudo espera, tudo suporta. O amor [ágape] jamais acaba."

O que torna bela essa passagem para um casamento é que ela desafia o casal a transcender o simples *eros*, ou mesmo *filos*, e expressar um pelo outro o tipo exato de amor que Deus expressa em relação a eles — ágape incondicional, altruísta, ativo, sacrificial, incansável, infindável. Mais Jack e Lucille, menos Jack e Rose.

Claramente, esse é um amor sobrenatural, e não algo que qualquer ser humano possa praticar sem o poder do Espírito Santo. Como tem sua origem em Deus e é capacitado por Deus, *ágape* não é cerceado pelos limites mundanos que são enfrentados por outras formas de amor. O amor terreno — seja *eros*, seja *filos*, seja *storge* — sempre será limitado em sua capacidade por pelo menos três razões.

Primeiro, o amor terreno se baseia em necessidade. Os amantes necessitam de intimidade; os amigos precisam de companheirismo; os membros de uma família precisam de apoio. Mas ágape é oferecido livre de qualquer carência, estendido por uma pessoa cuja maior necessidade foi satisfeita em Cristo e tem origem em um Deus que não precisa de nada. Com o amor terreno, quanto maior for a necessidade, mais cautelosos teremos de ser em doar, pois o risco de rejeição é muito elevado. Mas, como ágape não está preso a necessidades, pode ser doado livre e abundantemente, sem receio de que possa ser gasto com mais sabedoria em outro lugar.

Segundo, o amor terreno ambiciona reciprocidade. Nós o oferecemos com a expectativa de que será retribuído. O amor terreno não correspondido se esvai com o tempo. Por outro lado, ágape é dado sem expectativa de que haverá retribuição. Certamente, nós o damos na esperança de testificar o ágape de Deus em relação aos pecadores, mas nós o estendemos independentemente do resultado. E, embora *eros*, *filos* e *storge* carreguem consigo a promessa de compartilhamento e conexão emocional, com o ágape isso pode não acontecer. A oferta é de mão única, sem nada exigir em troca.

Por último, o amor terreno considera o valor de seu objeto. Escolhemos quem amar com base em alguma medida de merecimento. Direcionamos nosso amor à beleza, ao poder, à riqueza, à inteligência ou à força física. Mas ágape se firma sobre aqueles que o mundo considera indignos. Tem olhos para os pobres, aleijados, deficientes ou cegos. Ágape olha para além daquilo que, em geral, é valorizado como "amável" e resolve amar o que não é amado, inclusive pagando um alto preço pessoal. É expresso com maior pureza quando o damos àqueles de quem nada obteremos em troca. Quando demonstramos amor por quem nada pode fazer por nós, refletimos o amor de Deus que nos é demonstrado em Cristo.

ÁGAPE É REQUISITO PARA A SANTIDADE

Ágape é o modo como Deus nos ama e o modo como devemos amar uns aos outros. Já vimos na Bíblia a resposta à pergunta "Qual é a vontade de Deus para minha vida?": "Seja santo como ele é santo". Aos judeus do tempo de Jesus, a ordem para que fossem santos era lida como um chamado à estrita obediência à letra da lei. Jesus, porém, corrigiu essa noção, ressaltando o princípio motivador por trás da lei: ágape.

> "E um deles, intérprete da Lei, experimentando-o, lhe perguntou: Mestre, qual é o grande mandamento na Lei? Respondeu-lhe Jesus: Amarás o Senhor, teu Deus, de todo o teu coração, de toda a tua alma e de todo o teu entendimento. Este é o grande e primeiro mandamento. O segundo, semelhante a este, é: Amarás o teu próximo como a ti mesmo. Destes dois mandamentos dependem toda a Lei e os Profetas" (Mt 22.35-40).

Essa passagem é conhecida como o Grande Mandamento, o mandamento a partir do qual todos os demais são compreendidos. Nestes dois mandamentos "penduram-se" toda a Lei e os Profetas. Eu vejo o armário de meu quarto, com fileiras em cima e embaixo para pendurar as roupas. Recentemente, tivemos um problema de encanamento que alagou o armário. Tudo que estava pendurado corretamente nos dois varais ficou intacto e não sofreu estragos, mas tudo que estava no chão se perdeu.

Conforme Jesus disse, todo chamado à obediência está fundamentado na ordem de amar a Deus e ao próximo. Qualquer justiça que não esteja baseada no amor é sujeira e trapo de imundície, como tantas roupas sujas no chão de um armário encharcado. Se eu deixei de ser assassina, mas não faço isso por amor a Deus e ao próximo, não terei praticado a verdadeira santidade. Se deixei de ser maldizente ou gananciosa, mas não por amor a Deus e ao próximo, ainda estarei pecando. Ou, conforme ouvimos nos casamentos:

> "Ainda que eu fale as línguas dos homens e dos anjos, se não tiver amor, serei como o bronze que soa ou como o címbalo que retine. Ainda que eu tenha o dom de profetizar e conheça todos os mistérios e toda a ciência; ainda que eu tenha tamanha fé, a ponto de transportar montes, se não tiver amor, nada serei. E, ainda que eu distribua todos os meus bens entre os pobres e ainda que entregue o meu próprio corpo para

ser queimado, se não tiver amor, nada disso me aproveitará" (1Co 13.1-3).

Se eu procuro ser santa sem ter ágape, não acrescento nada, não sou nada e não ganho nada.

ÁGAPE NA ORDEM CERTA

O apóstolo João declara que "Nós amamos porque ele nos amou primeiro" (1Jo 4.19). A quem nós amamos? Primeiro, amamos a Deus. Segundo, amamos o próximo. O Grande Mandamento foi dado não para nos mostrar como conseguir o favor de Deus, mas para nos mostrar a única resposta racional ao amor que Deus nos tem dado.

Assim como acontece com os Dez Mandamentos, o Grande Mandamento tem início com o relacionamento vertical, movendo-se, em seguida, para os relacionamentos horizontais. E, a menos que amemos a Deus com todo o nosso coração, nossa alma, nossa mente e nossas forças, amaremos a nós mesmas e ao nosso próximo de forma inadequada. O amor certo em relação a Deus é o que nos capacita a amar, de forma correta, a nós mesmas e aos outros.

Quando devotamos coração, alma, mente e força para amar a Deus, percebemo-nos de uma forma correta — sem espaço para orgulho ou autoexaltação —, uma forma que nos prepara para amar com toda a liberdade nosso próximo. E, quando nos percebemos corretamente, como destinatários indignos do ágape de Deus, dispomo-nos a amar nosso próximo a despeito dele mesmo, porque Deus nos amou primeiro a despeito de nós mesmas. Não esperamos para sentir amor; pelo contrário, nós mesmas agiremos com amor, quer o sintamos, quer não. Ágape transcende nossos sentimentos.

Quando encontramos dificuldade em amar o próximo, frequentemente tentamos corrigir o problema nos esforçando mais nessa tarefa. Contudo, eventual deficiência em nosso amor ao próximo sempre aponta para uma deficiência de nosso amor a Deus. Primeiro, temos de amar a Deus da maneira certa. E, quando restauramos esse relacionamento vertical, damos o primeiro passo para corrigir o relacionamento horizontal.

Quando hesito em demonstrar amor *ágape* por meu marido, por ele ter ferido meus sentimentos ou me haver desapontado, revelo que acredito que o ágape tem de ser merecido. Ao lembrar o amor incondicional e sacrificial de Deus por mim, sou movida a amar mais a Deus, e sou estimulada a estender livremente meu amor ao meu esposo, pois recebi livremente o amor de Deus. Amo porque Deus me amou primeiro. O relacionamento vertical correto com Deus corrige meu relacionamento horizontal com meu próximo.

E como é esse relacionamento vertical correto? É a entrega plena de coração, alma, mente e força — a totalidade de nosso ser — no amor ativo de Deus. O que nós desejamos, procuramos fazer como se fosse para o Senhor. Qualquer coisa que queiramos fazer, nós nos propomos a fazer como se fosse para o Senhor. Qualquer que seja nosso pensamento, nós o arrazoamos como se estivéssemos diante do Senhor. O que quer que façamos, devemos fazer como se fosse para o Senhor.

A QUEM DEUS AMA ACIMA DE TODOS

Por que o Grande Mandamento nos instrui a amar primeiro a Deus e, em segundo lugar, os outros? Porque essa é a ordem segundo a qual o próprio Deus ama. O amor de Deus não teve início em Gênesis 1.1. Ele é eterno, existe antes da criação e encontra expressão eterna dentro da Trindade. Não exige objeto algum fora da Divindade. Nós amamos porque ele nos amou primeiro. Ele nos ama, tendo primeira e eternamente amado a si mesmo.

O amor-próprio nem sempre é recomendável nos seres humanos. Embora seja bom amar a si mesma corretamente e embora isso seja igualmente necessário para se amar o próximo, a Bíblia também se refere à categoria negativa daqueles que são "egoístas" (2Tm 3.2). Todos nós conhecemos pessoas a quem rotularíamos como egoístas, aquelas que pensam de si mesmas mais altaneiramente do que deveriam pensar. Para Deus, o egoísmo é uma impossibilidade. Ele ama a si mesmo de maneira irrepreensível, sendo o único digno de amor total. Seria irracional Deus não amar a si mesmo. O valor de Deus é infinito, portanto ele é o único digno de receber amor-próprio infinito, como também adoração e veneração ilimitadas por parte de toda a criação. É impossível a qualquer um, até mesmo a Deus, amar a Deus demasiadamente.

Mas é possível para nós amar demais o amor de Deus. Fazemos isso quando enfatizamos o amor de Deus em detrimento de seus outros atributos. O pecado pode nos fazer amar uma versão de Deus que não é correta. Esta é a definição básica de idolatria: um amor desordenado. Ironicamente, uma das formas mais comuns de idolatria que praticamos é o amor desordenado do amor de Deus. A ênfase exagerada do amor de Deus é evidente até mesmo nos não cristãos. Eles podem conhecer pouquíssimo da Bíblia, mas muitos conhecem e são rápidos em citar a declaração de que "Deus é amor" (1Jo 4.8). A afirmativa "Meu Deus é um Deus de amor" muitas vezes tem como mensagem implícita a ideia de que seu amor impede que ele aja com ira ou justiça, ou de qualquer outro modo que não corresponda aos nossos conceitos humanos de amor.

Porém, o amor de Deus é tanto santo como infinito, o que significa que todos os seus atos são de amor, até mesmo quando não conseguimos percebê-los assim. Seus atos não apenas são amorosos, com também tudo que ele nega ou refreia também é por causa desse amor. Quando Deus age na Escritura de um modo que consideramos falta de amor, o problema não está nos atos de Deus, mas em nossa perspectiva limitada. Quando passamos por dificuldades ou sofremos perdas, podemos ser tentadas a questionar o amor de Deus. Por essa razão é que a Bíblia toma o cuidado de nos lembrar que as provações e as perdas são esperadas nesta vida. As provações são agentes de separação, porém nada pode nos separar do amor de Deus em Cristo. É alto e comprido, largo e profundo, e se firmarmos os olhos nesse amor, talvez consigamos começar a entender um pouco dele agora mesmo, durante a vida presente. E, ao compreender esse amor, podemos usá-lo em relação ao nosso próximo.

AMOR SEM LIMITES

Quando reconhecemos que o amor concedido por Deus não é mera emoção, mas um ato de vontade, somos forçadas a reavaliar como nós mesmas amamos nosso próximo. Especificamente, temos de reavaliar nossas categorias. Não podemos mais classificar nossos irmãos humanos em categorias como "amáveis" e "não amáveis". Se o amor é um ato da vontade — não motivado por necessidade, que não mede valores, não requerendo reciprocidade —, então não existe a categoria "impossível de amar".

É o que Jesus ensina com a parábola do bom samaritano. Quando o intérprete da Lei procura qualificar o significado do Grande Mandamento, perguntando: "Quem é o meu próximo?" (Lucas 10.29), Jesus responde com a história de um homem que demonstra amor por aquele que não é amável. É, obviamente, uma história sobre ele mesmo — e uma história sobre todos e cada um de nós que recebemos socorro através de suas mãos. A parábola é cuidadosa em ilustrar que se trata de um resgate caro e que não foi procurado, concedido a um destinatário que nada merecia.

AMOR, NÃO IMPORTA O CUSTO

O alto preço de ágape foi evidenciado na cruz. Desse modo, aqueles que decidem tomar a cruz resolvem amar como Cristo amou, de uma maneira custosa.

Quando começamos a seguir Cristo, resolvemos amar a Deus *mesmo que isso nos custe muito*. Em verdade, o preço é muito alto: nosso orgulho, nosso conforto, nossa vontade própria, nossa autossuficiência. Algumas vezes, isso nos custa relacionamentos amigáveis com a família, nossas expectativas de segurança e muito mais. Mas, quando abrimos mão dessas coisas, aprendemos a dignidade do objeto de nosso amor de maneira mais profunda. Encontramos maior liberdade e, à medida que vamos amadurecendo, resolvemos amar a Deus, *sem nos importar com o que isso vai nos custar*.

Quando começamos a seguir Cristo, resolvemos amar o próximo *mesmo que isso nos custe muito*. E isso realmente tem um custo alto para nós — o custo de nossas preferências, de nosso tempo, de nossos recursos financeiros, de nossos direitos e de nossos estereótipos. Às vezes, isso também custa nossa popularidade, nosso respeito e muito mais. Mas, quando abrimos mão dessas coisas, apreendemos a fragilidade do objeto de nosso amor de uma maneira mais profunda. Encontramos empatia crescente e, quando amadurecemos, decidimos amar o próximo, *sem nos importar com o que isso vai nos custar*.

É esse tipo de amor que marca os crentes como diferentes do mundo. É o tipo de amor que torna a história de Jack e Lucille mais arrebatadora do que a história de Jack e Rose. Qual é a vontade de Deus para sua vida? Que você ame como foi amado! Quando tiver de enfrentar uma decisão, pergunte a si mesma: Qual escolha me fará crescer em *ágape* para Deus e o próximo? Então, escolha fazer a vontade de Deus.

VERSÍCULOS PARA MEDITAÇÃO
Salmos 86.15
Sofonias 3.17
João 15.13
Romanos 5.8
1 João 4.7-8

PERGUNTAS PARA REFLEXÃO
1. Por que você acha que a ideia de que "Deus é amor" é tão popular no mundo? Como nossas noções humanas do que é amor poluem a forma como pensamos sobre essa frase, mesmo na condição de crentes?
2. Pense na pessoa mais amável que você já conheceu. Como ela costumava demonstrar amor? Qual dos quatro tipos de amor (*eros*, *filos*, *storge* ou *ágape*) era mais evidente nela?
3. Que pessoa (ou tipo de pessoa) você é mais capaz de colocar na categoria "não amável" ou "impossível de amar"? O que havia na personalidade ou no comportamento dessa pessoa que a tornava "impossível de amar" em termos de amor terreno? Qual seria o custo para você amar essa pessoa como você mesma foi amada?
4. Como o desejo de crescer em *ágape* pode impactar positivamente nosso relacionamento com Deus? Como isso impacta positivamente nosso relacionamento com o próximo? Dê um exemplo específico para cada situação.

ORAÇÃO

Escreva uma oração a Deus pedindo que lhe mostre onde seu amor por ele tem sido condicional. Peça que ele lhe mostre quem você tem visto de maneira errada, como uma pessoa "não amável". Peça que ele lhe dê oportunidades claras de demonstrar amor de alto preço em relação às pessoas. Agradeça a ele pelo fato de seu amor por você ser irrevogável e incondicional.

3

Bom

DEUS TOTALMENTE BOM

> *Sim, Deus é bom, diz toda a natureza,*
> *À mão do próprio Deus, dotada de fala;*
> *E o homem, em notas mais altas de louvor,*
> *Deve cantar de alegria que Deus é bom.*
> — John Hampden Gurney, 1825

Em março de 2017, Kalel Langford, então com 14 anos, e sua família pagaram dez dólares de entrada no Crater of Diamonds State Park, em Murfreesboro, Arkansas. Apenas trinta minutos mais tarde, caminhando à margem do rio, ele se abaixou para pegar uma pequena pedra marrom que chamou sua atenção. Essa pedra era, na verdade, um diamante de 7,44 quilates, de valor significativo, que, de acordo com a política do parque estadual, passou a ser de sua propriedade.[1] Encontrar um diamante em um parque conhecido por descobertas

---

1 Alexandra Larkin, "Boy Finds Huge 7.44 Carat Diamond in State Park", CNN.com, March 16, 2017. Disponível em http://www.cnn.com/2017/03/16/us/arkansas-boy-diamond-trnd/.

desse tipo pode não ser uma grande notícia. Na história desse parque, outros diamantes valiosos foram desenterrados. Mas encontrar uma pedra desse tamanho e com esse valor, totalmente à vista, tornou a história de Kalel invejável.

Na verdade, a história de Kalel não é tão diferente da história do crente que vai até a Palavra de Deus em busca de um tesouro de outro tipo. A evidência dos atributos de Deus está nos aguardando nas Escrituras, como tantos tesouros a ser desenterrados enquanto lemos. Embora a Bíblia seja uma localização óbvia para buscar esses tesouros, temos de escavar até Gênesis 18 para encontrar a primeira menção explícita à justiça de Deus. E temos de cavoucar até Gênesis 24 para encontrar a primeira menção explícita ao amor de Deus. Com paciência, temos de minerar até Êxodo 22 para a primeira menção explícita à sua compaixão. Mas, em escassos quatro versículos de seu capítulo de abertura, a Bíblia coloca para nós, à visão plena, o reluzente diamante da bondade de Deus, sem que precisemos garimpar:

> "No princípio, criou Deus os céus e a terra. A terra, porém, estava sem forma e vazia; havia trevas sobre a face do abismo, e o Espírito de Deus pairava por sobre as águas. Disse Deus: Haja luz; e houve luz. E viu Deus que a luz era boa; e fez separação entre a luz e as trevas" (Gn 1.1-4).

Deus vê que a luz é boa, não em um ato de reconhecimento, mas como reflexo de sua própria bondade, que tem origem nele e provém dele. Deus é a fonte de todo bem e ele mesmo é plenamente bom. Como dirá mais adiante o apóstolo João, no reluzente campo de diamantes do Novo Testamento, "Deus é luz, e não há nele treva nenhuma" (1Jo 1.5). Deus é infinitamente bom, livre de qualquer sombra do mal.

A Bíblia quase não aguenta esperar para nos contar isso. Metodicamente, o primeiro capítulo da Bíblia vai repetindo a bondade de Deus evidenciada em tudo mais que ele criou. Mar, firmamento, terra — bons. Plantas — boas. Sol, lua, estrelas — bons. Peixes e aves, animais selvagens e domésticos — bons. Seres humanos — bons. "Viu Deus tudo quanto fizera, e eis que era *muito bom*" (Gn 1.31).

Muito bom, feito de maneira maravilhosa, pela mão de um Deus muito bom.

Deus é a origem de todo bem. Ele é infinitamente bom, de modo que mesmo aquilo que vemos dele na *muito boa* criação visível, inclusive o que lemos nas boníssimas palavras das Escrituras, é apenas uma parcela representativa de sua bondade. Tanto a criação como as Escrituras são espelhos limitados, ainda que acurados, e nossa capacidade de entender o que refletem também é limitada. A bondade infinita de Deus poderia preencher um número infinito de universos e um número infinito de livros. Contudo, a pequeníssima fatia que conseguimos enxergar ainda é uma recompensa, uma abundância.

Deus não é apenas infinitamente bom; ele também é imutavelmente bom — sua bondade não muda. Sua bondade não sofre aumento ou diminuição, e em nada vacila. Nele, não existem trevas, nunca houve nem nunca haverá. Ele é bom e faz o bem. Não existe uma versão melhor dele para vir no futuro, nenhum progresso de bom para melhor e, após, para o máximo. A bondade de Deus é sua total benevolência, a completa ausência de maldade. Deus não melhora com o passar do tempo — nem pode ou precisa melhorar. Ele é bom como sempre foi e será eternamente. Perfeitamente bom. Totalmente bom.

De acordo com Romanos 1, a bondade evidente de Deus na criação estabelece a culpa de qualquer criatura que não o reconheça. Por outro lado, de acordo com os salmos, a bondade evidente de Deus na criação desperta a gratidão em qualquer uma de suas criaturas. O salmista escreve não menos que cinco vezes: "Rendei graças ao Senhor, porque ele é bom" (Sl 106.1; 107.1; 118:1, 29; 136:1).

A bondade de Deus é a razão de nossa humilde adoração por meio da gratidão. É um diamante que brilha de forma tão reluzente em nosso caminho que só um tolo pisaria nele e seguiria em frente. Contudo, apenas os fiéis se ajoelham para pegar essa joia que refrata a luz, livre de qualquer sombra.

BONDADE PARA TODOS

A bondade de Deus é uma luz que irradia por todos os seus outros atributos. É a razão de sua onipotência (possuidor de todo poder), de sua onisciência (possuidor de todo conhecimento) e de sua soberania (possuidor de todo controle) serem conforto em vez de terror. É a razão pela qual podemos ousar crer que ele é capaz de fazer todas as coisas para o nosso bem, conforme ele disse (Rm 8.28). Agora mesmo, existem muitas coisas que vimos ou suportamos que claramente não são boas. Mas, sob o governo soberano de um Deus eternamente bom, podemos confiar que tudo aquilo que agora não é bom será usado, no fim das contas, para o nosso bem. Assim como José, um dia (nesta vida ou no porvir) olharemos para nosso passado difícil e reconheceremos que aquilo que nossos inimigos quiseram fazer de mal Deus usou para nosso bem (Gn 50.20).

Experimentamos a bondade de Deus em milhares de graças no cotidiano — cada uma de nós, seja perdida ou salva; grande ou pequena. Não, atualmente nem tudo é bom, mas existe muita coisa que é, se destinarmos um tempo para observar. Você já notou que a criação não é apenas funcional, mas também bela? Nossos cinco sentidos confirmam que Deus fez muito mais do que elaborar um ecossistema utilitário para suas criaturas. Ele nos concede não apenas a visão, mas também a percepção de cor, profundidade e contraste. Ele não nos dá somente o sentido do tato, mas também a maciez e a aspereza, a suavidade e a rugosidade, o calor e o frio. Nosso sentido de paladar conhece mil sabores; nossa audição, mil tons e melodias, timbres e volumes; o sentido do olfato, mil fragrâncias, aromas e odores.

Deus poderia ter feito uma criação muito entediante e criaturas muito mais chatas para povoá-la, mas, em sua bondade, ele formou e encheu o mundo de cor, cacofonia, cornucópia. Qualquer pessoa que já tenha passado ao lado de um arbusto de gardênias ao entardecer conhece a bondade perfumada de Deus. Qualquer um que já tenha parado para observar o nascer do sol; que já se tenha aquietado diante do chamado de uma ave; que já tenha chorado com sua harmonia; que já tenha brincado com uma framboesa na língua; que já se tenha alegrado ao andar descalço na relva carregada de orvalho ou se maravilhado com a simetria de uma teia de aranha; todas essas pessoas reconhecem que a bondade a nosso redor se espalha por todo canto. Temos muitos diamantes expostos para ser colhidos. A cada virada, estamos quase tropeçando nessa natureza exuberante. Até mesmo neste nosso mundo caído.

Talvez falhemos em nos maravilhar com o fato de que os vestígios de uma criação *muito boa* perduram, mesmo quando a natureza geme no velório de seu despedaçamento. Mas vamos nos maravilhar com o fato de que, mesmo em nosso estado de rebeldia, a bondade de Deus continua a nos tocar em milhares de circunstâncias. Ele nos dá o pão de cada dia e, com frequência, muito mais que isso, embora tenhamos o hábito de nos queixar daquilo que não temos, em vez de nos contentar com o que ele nos tem dado. Ele nos dá a alegria de ter família e amizades, embora sejamos mais propensos a reclamar contra ele por causa dos relacionamentos difíceis, em vez de agradecer pelos que nos são ternos. Ele nos concede, no âmbito geral, mais dias de alegria do que de tristeza, embora nossos corações obscurecidos sejam mais propensos a amaldiçoá-lo do que a bendizê-lo pelos dias de felicidade. E, embora ele tivesse todo o direito de refrear sua bondade com a espada flamejante dos querubins na saída oriental do Éden, em vez disso, ele decidiu que sua bondade acompanharia

Adão e Eva por todos os dias de sua vida, mesmo após serem expulsos do jardim. E ele faz isso por todo filho de Adão e toda filha de Eva, até os dias atuais.

Pense, portanto, com interesse renovado, nas palavras do anjo aos pastores que cuidavam de seus rebanhos na vigília da noite: "Não temais; eis aqui vos trago boa-nova de grande alegria, que o será para todo o povo" (Lc 2.10). Não apenas qualquer notícia, mas *boa-nova*. Anjos descendo na noite escura dos campos da Judeia, carregados da palavra de bondade de Deus: Não temam, pois este é o Deus que falou "Haja luz" para as trevas de Gênesis 1 e está fazendo isso novamente. Boa-nova. Boa vontade. E a luz resplandeceu nas trevas, e as trevas não podiam vencê-la.

Boa-nova era a descrição perfeita para os arautos angelicais empregarem, pois em nenhum outro lugar a bondade de Deus ficou mais claramente evidenciada do que quando Deus enviou seu Filho. Tito 3.4-5 nos diz:

> "Quando, porém, se manifestou a benignidade de Deus, nosso Salvador, e o seu amor para com todos, não por obras de justiça praticadas por nós, mas segundo sua misericórdia, ele nos salvou mediante o lavar regenerador e renovador do Espírito Santo."

Tiago 1.17 nos diz que "toda boa dádiva e todo dom perfeito são lá do alto, descendo do Pai das luzes, em quem não pode existir variação ou sombra de mudança". O dom de Cristo, bom e perfeito, ultrapassa todas as outras bondades que podemos conhecer.

Esse Pai das luzes, que enviou a Luz de Cristo ao mundo, fez isso para iluminar o coração de seus filhos, uns após outros. Cristo irradia a perfeita bondade em perfeita obediência ao Pai, em favor dos perdidos. E, assim como Cristo irradia a bondade de Deus, nós também devemos refleti-la. Conforme ele diz, essa bondade deve ser evidente em nossas vidas.

BONS COMO ELE É BOM

"Sejam bons."

Quantas vezes eu dizia isso quando saía pela porta, deixando meus filhos aos cuidados de outra pessoa? Nesse contexto, a frase expressava um desejo, na despedida, de que os pequeninos se comportassem — no mínimo, não fazendo nada de ruim e, no máximo, sendo fonte de ajuda e alegria para a cuidadora (ou cuidador). Quando as crianças eram pequenas, era difícil encontrar cuidadoras corajosas o suficiente para tomar conta dos quatro. E mais difícil que isso era encontrar dinheiro para fazer valer a pena o tempo da babá e ainda ter disposição para comer fora. Quando eu dizia aos meus filhos "Comportem-se. Sejam bons", eu precisava que realmente fossem bons. Era o código para "Por favor, não espante essa jovem, porque eu realmente preciso que ela tenha uma experiência positiva". Vocês conhecem as regras. Elas valem para o seu bem. Por amor de nós, por favor, comportem-se. Até que seus pais voltem, sejam bons.

Jesus falou algo similar a seus discípulos na encosta da montanha:

> "Vós sois a luz do mundo. Não se pode esconder a cidade edificada sobre um monte; nem se acende uma candeia para colocá-la debaixo do alqueire, mas no velador, e alumia a todos os que se encontram na casa. Assim brilhe também a vossa luz diante dos homens, para que vejam as vossas boas obras e glorifiquem a vosso Pai que está nos céus" (Mt 5.14-16).

Sejam boas. Os outros vão ver isso. Você, então, será uma luz que levará as pessoas a glorificar o Pai das luzes.

Mas o que significa sermos boas como suas filhas? Como os recipientes dos dons bons e perfeitos de Deus, ser boas umas para com as outras quer dizer ser generosas. Significa que reconhecemos que Deus nos dá boas dádivas, não para que se esgotem em nós, mas que sejamos administradoras que as compartilham em favor do próximo.

O décimo mandamento proíbe a cobiça porque esse sentimento nega a bondade de Deus. Jesus fala contra a avareza porque ela nega a bondade de Deus. Cobiça implica escassez na provisão atual de Deus, enquanto avareza antecipa ausência na boa provisão de Deus para o futuro. Nenhuma dessas coisas se traduz em generosidade. A generosidade floresce apenas quando não temos medo da perda.

Possuindo o bom e perfeito dom de Cristo, podemos contar com toda generosidade como uma perda com a qual temos condições de arcar. Deus nos dá coisas boas de modo generoso, nada arriscando ao fazer isso. Nós também devemos dar generosamente boas dádivas ao próximo, reconhecendo que não nos arriscamos a perder nada quando assim agimos. Podemos ser generosas com nossos bens, nossos talentos e nosso tempo em favor dos outros porque vemos essas boas dádivas como um meio de glorificar o Doador em vez de engrandecer a nós mesmas.

A generosidade não é somente para aqueles que contam com abundância material. Porque Oseola McCarty reconheceu essa verdade, o mundo é um lugar melhor. Nascida no Mississippi rural, em 1908, ela teve de parar de estudar depois da sexta série para sustentar sua tia doente, e passou o resto da vida lavando roupas. Nunca se casou, viveu de forma modesta em sua comunidade e frequentava a igreja regularmente, levando sua Bíblia remendada com fita adesiva. Ao longo dos anos, o povo de Hattiesburg pagava por seu serviço com moedas e notas de um dólar, para que ela mantivesse suas roupas limpas e passadas. Ela via grande dignidade em seu trabalho, dizendo que o trabalho árduo dá significado à vida. "Começo cada dia de joelhos, dizendo a Oração do Senhor. Então, eu vou me ocupando com meu trabalho de lavadeira."[2]

---

[2] Karl Zinsmeister, "Oseola McCarty", The Philanthropy Roundtable, "The Philanthropy Hall of Fame". Acesso em 27 jun. 2017. Disponível em http://www.philanthropyroundtable.org/almanac/hall_of_fame/oseola_mccarty/.

Em 1995, então com 86 anos, ela contatou a University of Southern Mississippi para informar que doaria uma parte das economias de toda a sua vida para dar bolsas de estudo a estudantes afro-americanos, a fim de que recebessem a educação formal que ela jamais pudera ter — uma soma de 150 mil dólares. "Muito mais do que eu poderia usar. Sei que não vai demorar muito antes de eu passar para a outra vida", disse ela, "e apenas calculei que esse dinheiro faria um bem maior para eles do que para mim".[3]

Oseola McCarty, filha da pobreza e filha de Deus, queria fazer o bem, e o fez com generosidade. Deus seja louvado! Aqueles que conhecem que o bem os aguarda no céu têm condições de ser generosos aqui na terra. E eles nada perdem ao dar aquilo que foi dado a eles.

A generosidade é a marca registrada daqueles que tomam a decisão de ser luzes nas trevas, como filhos de seu Pai celestial. Esse é o cartão de visitas de todos os que receberam a generosa boa-nova da salvação por meio de Cristo.

SEJA BOA PELO AMOR DE DEUS

Seja boa. Seja você a pessoa que procura fazer o bem ao próximo. Seja a pessoa que dá sem avaliar o preço que custa. Seja a pessoa que serve com alegria sem esperar agradecimento ou reconhecimento alheio. Sejam boas funcionárias, boas vizinhas,

---

[3] Rick Bragg, "All She Has, $150,000, Is Going to a University", *The New York Time* online, 12 ago. 1995. Disponível em http://www.nytempos.com/1995/08/13/us/all-she-has-150000-is--going-to-a-university.html.

boas mães, boas filhas, boas musicistas e servidoras públicas, artistas e voluntárias, cuidadoras e banqueiras. Se você for boa no que faz, chamará a atenção como uma cidade construída sobre o monte que é vista à meia-noite no deserto.

Não espere, porém, que os outros corram na direção de sua luz de bom grado. O que surpreende sobre fazer o bem é quantas vezes as pessoas deparam com uma reação negativa. Os outros *talvez* vejam suas boas obras e deem glória a Deus, mas talvez não o façam. Os cínicos chamam os cronicamente benevolentes de "com mania de ser bons". Sua bondade excessiva é, sem dúvida, uma luz, mas, para quem ama as trevas, é também excessivamente indesejável. Tem efeito semelhante à luz do sol que bate nas criaturas rastejantes expostas sob uma pedra que foi virada no jardim. A exposição da deficiência de bondade das outras pessoas faz aquele benfeitor encontrar o desprezo. Veja, por exemplo, o benfeitor máximo, o próprio Jesus:

> "como Deus ungiu a Jesus de Nazaré com o Espírito Santo e com poder, o qual andou por toda parte, fazendo o bem e curando a todos os oprimidos do diabo, porque Deus era com ele; e nós somos testemunhas de tudo o que ele fez na terra dos judeus e em Jerusalém; ao qual também tiraram a vida, pendurando-o no madeiro" (At 10.38-39).

As palavras de Pedro aos gentios sobre como o mal responde ao bem nos instruem. Se quisermos andar na luz como ele está na luz, devemos nos esforçar para agir com bondade e ser boas, e temos de nos preparar para receber o mesmo tratamento que Cristo recebeu. Entre os filhos de Deus, não há espaço para bondade com o objetivo de ganhar favor diante de Deus ou dos outros. Somente a bondade que tem como alvo expressar nossa gratidão ao bom Deus servirá. Somente a bondade que busque refleti-lo será suficiente. Somente a bondade que tem o propósito de amar o próximo acumulará tesouros no céu. Se o nosso próximo nos rejeitar, que assim seja! Teremos feito conforme Cristo faria. Se nosso próximo nos aceitar e glorificar a Deus, vamos nos regozijar com os anjos.

Não basta "ser boas pelo amor da bondade" — temos de ser boas pelo amor de Deus, cuja bondade desfrutamos todos os dias. Temos de persistir na bondade. Paulo nos motiva dizendo que talvez a bondade nos deixe fatigadas, mas sempre resulta em boa colheita: "E não nos cansemos de fazer o bem, porque a seu tempo ceifaremos, se não desfalecermos" (Gl 6.9). A luta pela bondade é algo que demanda tempo e esforço. Podemos nos cansar de nossa própria resistência interna de crescer em benignidade, ou podemos nos cansar da resistência de outras pessoas à nossa bondade na prática. Mas a constância em fazer o bem produz frutos na estação própria. E, quando o fruto amadurece, marca-nos cada vez mais como filhos e filhas do Pai das Luzes.

Qual é a vontade de Deus para sua vida? Que você seja boa como ele é bom. Que a generosidade seja seu primeiro impulso pela manhã e seu último pensamento à noite. Que você ande na luz como ele está na luz. Nele não existem trevas e não há lugar para trevas em nossa vida.

Até que o Filho venha, sejamos boas!

VERSÍCULOS PARA MEDITAÇÃO
Êxodo 33.18-19
Salmos 25.8-9
Salmos 100.5
Naum 1.7
Romanos 8.28
Gálatas 6.9-10
Tiago 1.17

PERGUNTAS PARA REFLEXÃO
1. Qual aspecto cotidiano da bondade de Deus você reconhece e aprecia mais? Por qual bondade diária você deveria ser grata a ele (e talvez tenha esquecido de agradecer)? Faça uma lista dessas bondades.
2. Descreva uma ocasião em sua vida em que foi rejeitada por fazer o bem. Qual foi o resultado? O que você aprendeu sobre ser seguidora de Cristo?
3. Em qual área de sua vida você está mais propensa a se cansar de fazer o bem? Qual relacionamento ou circunstância mais se beneficiará de uma determinação renovada de ser generosa em relação a seu tempo, seus dons e seus bens?
4. Como o desejo de crescer em bondade pode impactar positivamente nosso relacionamento com Deus? Como pode

impactar positivamente nosso relacionamento com o próximo? Dê um exemplo específico para cada situação.

ORAÇÃO

Escreva uma oração a Deus agradecendo por ele lhe haver revelado sua bondade no cotidiano. Peça que a ajude a confiar em sua benignidade nas circunstâncias atuais, mesmo que não pareçam boas. Agradeça porque a boa-nova de Cristo significa que fomos separadas para as boas obras pelo poder do Espírito, as quais ele ordenou que fizéssemos. Peça que ele brilhe sua bondade através de sua vida.

4
Justo

DEUS TOTALMENTE JUSTO

No Deus santíssimo, o mais justo e verdadeiro, depositei minha confiança;
Não temo o que possa fazer a carne gerada pelo pó.
— Isaac Watts (1707)

    Este capítulo é dedicado às pessoas que foram tratadas injustamente. É também um capítulo voltado àqueles que agiram de forma injusta. Quer você se identifique mais prontamente com a primeira categoria, quer se identifique com a segunda, a justiça perfeita de Deus é razão para celebrar.

    Todavia, esse é um assunto que, com frequência, evitamos enfrentar. Muitos sermões foram pregados sobre o amor de Deus, muitos hinos foram compostos sobre a graça de Deus, muitos livros devocionais foram escritos a respeito da misericórdia de Deus, mas é raro ver sua justiça como assunto de nossa adoração e reflexão. Sentimo-nos aquecidas quando seu amor é mencionado; sentimo-nos gratas à menção de sua graça; e sentimos calidez quando mencionam sua misericórdia, mas, com frequência, sua justiça evoca certa inquietação.

Em nossas conversas com não crentes, raramente nos apressamos a abordar a questão da justiça de Deus. As fórmulas evangelísticas típicas começam com a ênfase no amor de Deus, "Deus ama você e tem um plano maravilhoso para sua vida", esse parece ser um começo mais promissor do que "Deus castiga os ímpios em sua justiça".

No entanto, as Escrituras veem a justiça de Deus como uma virtude a ser exaltada, e não como uma mancha a ser escondida. Quando reservamos alguns instantes para lembrar que fomos justificadas perante o justo Juiz, também podemos celebrar o bom governo e a lei justa de nosso Deus.

BOM GOVERNO

É difícil encontrar um bom governo. Eu sei disso por assistir ao noticiário, mas também sei em primeira mão, porque tive minha parcela de responsabilidade em um mau governo. No meu último ano de ensino médio, fui eleita secretária do grêmio estudantil, e minha principal responsabilidade era fazer anotações nas reuniões do conselho estudantil. Os membros do conselho, meus colegas e eu éramos os mais destacados em seguir as regras, e todos nós passamos o último ano sendo elogiados e admirados. Quando faltavam apenas duas semanas para nossa formatura, o clube Rotary de nossa cidade nos convidou para um almoço em nossa homenagem. Vestidos com roupas de domingo, saímos cedo da escola e fomos comer frango no restaurante do hotel e receber placas em agradecimento pelos serviços altruístas prestados por nós, jovens.

Foi depois disso que o deslumbramento por termos alcançado tão elevada posição nos tirou dos trilhos. Depois, tentei reconstruir a lógica que nos levou à queda, mas só posso imaginar que foram a comida de graça e os prêmios emoldurados que obscureceram nosso melhor juízo. Em vez de voltar à escola depois do almoço, passamos a tarde na casa do presidente do grêmio ouvindo o álbum mais recente do U2. O que posso dizer? Gostávamos de passar um tempo juntos. E isso foi bom porque, no fim das contas, todos os membros do conselho estudantil passaram a semana final do último ano suspensos por matar aula. Infelizmente, nós éramos um governo que respondia a um escalão mais alto de governo, a sala do diretor da escola, e a justiça foi velozmente aplicada a nós, os culpados, por não cumprirmos com os deveres de um governo exemplar.

Governo é uma ideia de Deus. Ele deu autoridade às pessoas para implementar um sistema de governo. O símbolo de nosso sistema judicial terreno — uma mulher de olhos vendados com uma balança na mão — personaliza a justiça. E, embora, em termos humanos, a justiça seja representada como uma mulher cega, a justiça de Deus tem os olhos bem abertos e uma visão claríssima. Deus conhece todos os atos, pensamentos, ações e motivações, de modo que ele empunha o cetro de justiça com nítida visão.

O governo justo de Deus cresce em beleza quando é contemplado no contexto de sua onisciência e onipresença. O Deus que está em todo lugar, totalmente presente, o Deus que tem todo conhecimento, é infinitamente vocacionado a desempenhar o papel de justo juiz. Em um tribunal terreno, os casos são ouvidos por um juiz e por jurados com uma capacidade limitada de discernir entre verdade e mentira. Testemunhas oculares reportam o que viram com capacidade limitada de relembrar o que realmente ocorreu. Tendenciosidade e corrupção podem entrar no processo. Às vezes, as testemunhas cometem perjúrio. Às vezes, a pessoa errada é condenada. Às vezes, uma sentença injusta é declarada ao réu. E a justiça nem sempre é servida nos tribunais humanos.

Em contraste, Deus é o juiz que domina todos os fatos em todos os casos. Embora os tribunais terrenos se esforcem para reconstruir o que realmente ocorreu, Deus conhece exatamente quem fez o que a quem, em que dia e local e com que propósito. Ele conhece não apenas os fatos externos do caso, como também os motivos internos de todos os envolvidos. Ele não é somente o Juiz; ele é a testemunha ocular que testifica os fatos com uma visão nítida e perfeita em suas lembranças. Como ele não pode castigar demais nem deixar por menos a punição, suas sentenças são aquelas que a justiça requer, nada mais nada menos, perfeitamente cabíveis às ofensas praticadas. Ninguém é condenado equivocadamente. Ninguém consegue safar-se de um assassinato. A justiça é sempre cumprida no tribunal de Deus.

As sentenças de Deus são também perfeitas e justas. Embora os seres humanos sejam inclinados a buscar retribuição, os castigos de Deus são sempre adequados ao crime. Ele é incapaz de exagerar no castigo e incapaz de deixar por menos. Sua justiça não dá espaço para crueldade ou vingança. Toda expressão de sua ira é correta e adequada à falta de lei que a provocou.

LEI JUSTA

É impossível rotular o governo de Deus como bom sem considerarmos a base de sua autoridade. Contra que padrão Deus governa? Como fonte de toda justiça, Deus tem a capacidade e a prerrogativa de determinar o que é certo ou errado. Ele estabelece os limites da moralidade. O instrumento de Deus para seu bom governo é sua lei perfeita, que nos diz o que está certo e o que está errado.

A justiça de Deus é o amor por sua lei exposta. Em Salmos 119.97, Davi exclama: "Quanto amo a tua lei! É a minha meditação, todo o dia!". Todo esse salmo de 22 estrofes e 176 versículos é dedicado à exaltação da beleza e da bondade da lei. Dez vezes, ele menciona seu prazer nela; 28 vezes, seu desejo de guardá-la. Se o Rei Davi exaltou tanto seu amor pela lei de Deus, quanto mais o próprio Deus ama sua lei e nela medita dia e noite!

Quando Adão e Eva transgrediram esses limites, agiram de forma injusta, trazendo sobre si mesmos e sobre todos os seus descendentes a justa condenação de um Deus santo. Desde o Éden, toda a humanidade tem-se rebelado contra o bom governo do único Deus verdadeiro. Contudo, mesmo nesse estado de rebeldia, todos mostram consciência residual dos requisitos da boa lei de Deus. Desde a antiguidade, os seres humanos têm procurado aplacar os deuses de todos os tipos e formas, com toda a espécie de sacrifícios. Sabemos que somos culpados. Sabemos que carecemos de provisão por causa de nossa culpa.

Aqueles que não se lançam sobre o sacrifício perfeito de Cristo passarão a vida tentando fazer expiação, oferecendo as próprias boas obras a um Deus fruto de sua própria imaginação. Eles procurarão justificar-se por qualquer meio ao seu alcance. E viverão lutando por futilidades.

Mas, para aqueles de nós em quem a imagem de Deus está sendo restaurada, o Espírito Santo trabalha em conjunto com a consciência, para que possamos agir de forma justa, com o propósito de dar glória a Deus. O Espírito Santo nos insta a obedecer à boa lei de nosso bom Governador. Que dom maravilhoso é contar com a presença do Espírito para nos estimular à justiça e à retidão! Desse modo, em vez de inutilidade, experimentamos frutificação.

Os pagãos são referidos como *transgressores*, e o próprio pecado é chamado *transgressão da lei* (1Jo 3.4). Cristo morreu "a fim de remir-nos de toda iniquidade e purificar, para si mesmo, um povo exclusivamente seu, zeloso de boas obras" (Tt 2.14). Em contraste, o crente é marcado por amar a lei de Deus e, portanto, adorar toda expressão de sua justiça na terra como é no céu. Paulo nos lembra de que a justiça não comunga com a iniquidade (Rm 6.19), de modo que ele considera crentes aqueles que amam a lei de Deus, pois ela os protege e protege as outras pessoas.

JUIZ IMPARCIAL... E PAI

De acordo com o apóstolo Pedro, os filhos de Deus devem viver de forma reverentemente obediente à luz da justiça de Deus: "Ora, se invocais como Pai aquele que, sem acepção de pessoas, julga segundo as obras de cada um, portai-vos com temor durante o tempo da vossa peregrinação" (1Pe 1.17).

As ideias tanto de obediência a Deus como de temor a Deus caíram em desuso em muitos círculos cristãos. Pedro lembra seus ouvintes de que o Deus que enviou seu próprio Filho é um Pai pessoal, amoroso, mas também um Juiz imparcial do coração dos homens. Esse Deus é digno de nossa adoração, como também de nosso reverente temor. Importa que reverenciemos a Deus, pois aqueles que se esquecem de sua glória logo acabarão se esquecendo também de sua boa lei.

Repetidas vezes, o Antigo Testamento testifica isso diante da habitual rebeldia de Israel. E, assim como eles, podemos esquecer que foi Deus quem nos resgatou da escravidão e começar a perseguir nossas próprias agendas. Mas aqueles que se mantêm firmes às verdades sobre o Pai amoroso e o Juiz justo "[adorarão] o Senhor na beleza da sua santidade" (Sl 96.9). Trarão os sacrifícios aceitáveis de um coração quebrantado e contrito, de obediência, de oração e adoração.

Porém, em virtude de nossa condição humana, nossa capacidade de perceber a perfeita justiça de Deus e sua paternidade amorosa é limitada. Vemos apenas uma demonstração parcial da justiça de Deus a partir de nossa perspectiva estreita. O tempo de uma vida nem sempre é suficiente para ver a justiça em ação. Com frequência, os ímpios prosperam (Sl 37.35; Jr 12.1). Muitas vezes, os inocentes descem à cova sem que vejam vingados os crimes cometidos contra eles. Mas a justiça imaculada de Deus requer punição para todo pecado. Nem sempre ele faz isso para que vejamos, em uma linha temporal de fácil resolução, como num episódio da série *Lei & Ordem*. Um dia, porém, veremos sua justiça perfeita exibida, de Alfa a Ômega, mas, por ora, labutamos para compreender o que ele tem feito desde o princípio até o fim (Ec 3.11).

Mas estamos certas disto: ninguém vai se livrar de nada. Nada está escondido de sua visão. Não existe essa coisa de pecado em segredo. "Deus sabe", essa é uma expressão comum que usamos para indicar que não sabemos a razão ou o porquê de determinada circunstância. Muitas vezes falamos isso frustradas, mas, para o crente, essa frase reconhece um fato básico que suscita segurança. Deus vê e ele sabe. Em sua justiça, ele age. De maneira alguma ele inocentará o culpado (Na 1.3). Como é reconfortante saber que nenhuma injustiça que sofremos passará despercebida ou sem retribuição.

Quão reconfortante, igualmente, é descobrir — como aqueles cuja culpa ficou patentemente estabelecida — que esse justo Juiz diante de quem teremos de comparecer também é aquele a quem chamamos de nosso bom Pai! Imagine ser colocado em um tribunal por um crime cometido à plena luz do dia e, ao entrar nessa corte, descobrir que quem vai julgá-lo é o Pai amantíssimo, infinitamente bom, amoroso e compassivo, que tem assento na cadeira do tribunal. Imagine também que, quando você se levanta para se declarar culpado, Cristo Jesus, seu irmão, levanta para interceder por você. Seu testemunho é que vale: ele carregou sua culpa por você se haver rebelado contra o bom governo de Deus. Ele carregou sobre os próprios ombros o governo em forma de uma cruz de madeira.

JUSTA DISCIPLINA

Será, então, que a justiça é algo que o crente nunca experimenta da parte de Deus? Por causa de Cristo, nosso Pai e Juiz não nos olha com ira, mas cuida de nós como Pai justo. A isso, chamamos sua disciplina. Ele nos dá leis para nosso bem e nossa segurança, e, quando as transgredimos, ele permite que nos arrependamos e aprendamos com nossos erros, embora, com frequência, venhamos a sofrer as consequências. E, embora ele nos discipline com amor, talvez não percebamos isso imediatamente como algo amável. Por tal razão, o autor de Hebreus toma o cuidado de nos lembrar de que Deus disciplina aqueles a quem ama (Hb 12.6). O profeta Jeremias reconheceu o papel da disciplina justa em relação a um filho de Deus: "Castiga-me, ó Senhor, mas em justa medida, não na tua ira, para que não me reduzas a nada" (Jr 10.24). A disciplina de Deus é sua justiça sem ira, com o propósito de nos treinar na santidade.

Quando meus filhos eram pequenos, o Dia das Mães significava que alguns projetos especiais viriam da escola para casa. Quando Calvin estava no jardim de infância, sua professora mandou uma folha de perguntas e respostas que ele havia completado a meu respeito. Ele completou a sentença "Minha mãe ama _____" com "tirar sonecas e comer biscoitos Oreo". Culpada conforme a acusação. Ele completou a frase "Eu sei que minha mãe me ama porque _____" com uma lista encantadora de coisas que eu fazia por ele: "Ela faz o meu jantar. Ela me dá abraços. Ela me ajuda a escovar os dentes".

Em todos esses anos que recebi folhas assim dos meus filhos pequenos, eles não disseram que sabiam que eu os amava por obrigá-los a ir para a cama às 19 horas, ou porque eu limitava a ingestão de doces, ou ainda porque eu os colocava de castigo quando brigavam. Embora essas fossem expressões plenas do meu amor, elas só foram assim reconhecidas mais tarde, quando, então, mais velhos, os meninos aprenderam a vê-las como manifestação de amor.

É assim que a justiça de Deus funciona na vida do crente. Por causa de Cristo, recebemos treinamento da lei de Deus como aquelas que não serão mais condenadas por ela. Podemos ser lentas em reconhecer a disciplina como uma expressão do seu amor, mas ela nos concede um bom governo. Ensina-nos a andar como filhas da luz, tal como Cristo andou.

IRA JUSTA

Se é difícil reconhecer a disciplina como algo compatível com um Deus amoroso, é ainda mais difícil reconhecer a ira como tal. Esse aspecto de sua justiça desafia a fé dos que creem ser inerrantes as Escrituras, e pode motivar aqueles que rejeitam ou diminuem o testemunho bíblico a dizer: "Meu Deus é Deus de amor, e não de ira". Concordo que, embora minha leitura da Escritura me leve, mentalmente, a assentir com a necessidade e a perfeição da ira de Deus contra o pecado, minha resposta emocional é mais próxima à de uma criança não amadurecida, que ainda luta para ter uma perspectiva clara.

Conquanto eu consiga me identificar com o desejo de retirar a ira de Deus da Bíblia, ou mantê-la circunscrita apenas ao Antigo Testamento, fazer isso comprometeria sua santidade e minha postura diante dela. Não há meio de alcançar arrependimento genuíno sem entender quanto a ira de Deus é justa. Enquanto eu entender sua ira como algo excessivo ou cruel, opero dentro de um entendimento limitado do perigo e da depravação do pecado. E também estou operando sob um entendimento limitado do Calvário.

Aqui a história do destino de Sodoma e Gomorra me instrui. Quando Deus conta a Abraão seu plano de destruir essas duas cidades situadas na planície de Sinar, Abraão fica comovido e intercede, com o propósito de que os justos sejam poupados. Deus concorda em poupar a cidade se houver dez pessoas justas dentro dos muros da cidade. O que Deus sabe e Abraão desconhece é que não há nem dez. Ele poupará a família de Ló, e isso não será um ato de justiça, mas de misericórdia.

Imagino Abraão esperando e indagando depois que seus visitantes angélicos desceram a Sodoma. Enquanto ele espera a distância, é descrito um dia típico na vida de Sodoma — e o relato é de revirar o estômago. Sensualidade, violência e impiedade mancham o texto. O leitor testemunha tudo, mas Abraão não viu nada. Imagino seu choque quando descobre o destino daqueles por quem havia intercedido:

> "Tendo-se levantado Abraão de madrugada, foi para o lugar onde estivera na presença do SENHOR; e olhou para Sodoma e Gomorra e para toda a terra da campina e viu que da terra subia fumaça, como a fumarada de uma fornalha" (Gn 19.27-28).

Enquanto Abraão contempla as ruínas enfumaçadas das duas cidades, enxerga uma verdade do evangelho: em sua justiça, Deus castiga o pecado. Uma intercessão maior do que Abraão podia oferecer se fazia necessária. Ele não viu crueldade, pois Deus não castiga em demasia, o que o tornaria injusto. Não, Abraão vê uma punição adequada ao crime.

Não sei quantas pessoas viviam nas cidades vizinhas de Sodoma e Gomorra por ocasião de sua destruição, mas suponho que o número fosse muito menor do que o que vive na minha região de origem, Dallas/Fort Worth. Mas, qualquer que fosse o número de habitantes, eles representavam um número mínimo de vidas humanas no escopo de todos os injustos que já viveram desde Adão até a atualidade. É algo que nos torna lúcidas: aquilo que aconteceu nos campos de Sinar, naquele dia triste em que choveu fogo do céu, é o que parece a justiça perfeita pelos pecados de uns poucos.

Mas a cruz foi onde Cristo sofreu pelos pecados de muitos. "Não há justo, nem um sequer" (Rm 3.10). O destino de Sodoma é aquele que todos nós merecemos. Na cruz, a justiça alterosa de Deus por muitos, por mim, incandescente e sulfurosa, santa, à altura dos crimes cometidos, choveu do céu sobre o único humano justo que andou sobre a terra. Voluntariamente, o justo sofreu pelos injustos, para nos levar até Deus.

Por isso a Bíblia nos lembra de que, se confessarmos nossos pecados, Deus não apenas é fiel para nos perdoar, como também é justo. Como Cristo foi punido em nosso lugar, Deus seria injusto em nos castigar por um pecado que já teve sua recompensa. Quão preciosos, então, o sangue derramado e o corpo partido de Cristo tornam-se em nossa estima? Quão rápidas, então, devemos ser em confessar? Toda necessidade de dar desculpas e autojustificativas é removida. Somos justificadas diante de Deus em Cristo.

PROCURANDO JUSTIFICAR A NÓS MESMAS

Quando nos esquecemos dessa justificação em Cristo, nosso relacionamento com Deus e com o próximo sentirá os efeitos. Começamos a escorregar para modelos de negação ou minimização dos pecados, em vez de reconhecer nossa culpa e confessá-la. Começamos a manter uma "lista de notas". Tornamo-nos conscientes das ofensas dos outros contra nós, e ficamos facilmente zangadas quando são cometidas.

Além disso, tornamo-nos ignorantes e desconhecedoras das ofensas que cometemos contra as outras pessoas, e nossa ira é atiçada quando os outros nos chamam a atenção. Queremos atenuar a situação com desculpas infundadas, crendo que, na verdade, não fizemos nada de errado. Ou, se nossa ofensa for verdadeira, apresentaremos circunstâncias atenuantes ou longas explanações sobre por que fomos justas em nossas ações. É fácil identificar o autojustificador. Ele é lento em ouvir, rápido em falar e veloz em se irar — o inverso do que Tiago ordena (Tg 1.19).

Como nosso senso de justiça se baseia em uma visão parcial e preconceituosa dos fatos que se apresentam, sempre vamos arguir de maneira a proclamar que estávamos certas. Como nosso próprio juiz e nosso próprio júri, percebemos as evidências sempre apontando para nossa absolvição e para a condenação do nosso próximo. Como o fariseu da parábola de Jesus, congratulamo-nos porque "não [somos] como os demais homens" (Lc 18.11).

Toda essa tabela de méritos desvia nossa energia de viver em paz uns com os outros, impedindo-nos de procurar servir ao próximo. Não tem razão de ser. Não temos necessidade de autojustiça. Precisamos apenas confessar nossos pecados. A autojustificação revela falta de entendimento quanto ao perdão que recebemos por meio da cruz. E a cruz de Cristo significa que a luta já foi resolvida.

A vida do crente que ama a justiça de Deus será marcada não por uma lista de pontos por merecimento, mas por reverente obediência. Será marcada por amor à lei moral que reformula nossos desejos para refletir os de nosso Pai celestial.

Será marcada por nossa humilde submissão àquilo que nosso bom Governador estabelece como os limites do que é certo. O efeito imediato de apreender a justiça de Deus será o desejo interior de obedecer. Por sua vez, o efeito em longo prazo será o desejo, ao olhar para fora de si mesmo, de fazer justiça em relação ao próximo.

ASSIM COMO ELE É JUSTO

Qual é a vontade de Deus para a sua vida? Ouça as palavras do profeta Miqueias: "que pratiques a justiça, e ames a misericórdia, e andes humildemente com o teu Deus" (Mq 6.8).

A vontade de Deus é que pratiquemos a justiça. Quando deixamos de apresentar autojustificativas, começamos a ter uma percepção cada vez maior das necessidades de nosso próximo. Voltamos nossos esforços para buscar justiça para os fracos e oprimidos. Deus refere-se a si mesmo como "pai dos órfãos e protetor das viúvas" (Sl 68.4-5). E, como suas filhas, devemos levar essa identidade familiar para as esferas de influência que ele nos dá. Aquelas de nós que temos alguma forma de vantagem devemos buscar usá-la em benefício do próximo. Aquelas que têm mais do que o "pão de cada dia" devem ter os olhos e as mãos abertas para aqueles que ainda esperam seu pão.

Na antiguidade, a viúva e o órfão eram os mais propensos a sofrer exploração e ser esquecidos por suas comunidades. Faltava-lhes poder social ou econômico; eles não tinham voz nem defensores. Mas, hoje em dia, assim como no passado, os explorados e os esquecidos também estão ao nosso redor. A

Bíblia fala de amplidão na justiça de Deus, chamando seu povo, repetidas vezes, para buscá-la em favor dos marginalizados e ignorados. E, se perdermos isso de vista, nosso senso de justiça só se estenderá aos limites de nossas próprias casas.

Nossas comunidades e igrejas estão cheias de viúvas e órfãos, estrangeiros e indigentes dos dias modernos. Agimos com justiça quando intercedemos em seu favor, garantindo que sejam tratados como seres humanos criados à imagem de Deus. Devemos ser os primeiros a alimentar os famintos, a vestir os nus, a dar as boas-vindas ao estrangeiro e a visitar os enfermos. Devemos assegurar a justiça para os que são oprimidos, porque, quando assim agimos, assemelhamo-nos a Deus. E fazer isso pelo próximo é como fazer pelo próprio Cristo (Mt 25.35-40).

O bom governo de Deus assegura que a justiça enfim prevalecerá em todas as coisas. Ele não responde a um governo mais alto, e não sofre corrupção alguma. Até o dia em que todas as contas serão acertadas, nós labutamos como suas servas, vivendo em obediência e procurando justiça para aqueles que não a têm. Qual é a vontade de Deus para sua vida? Que você seja justa como ele é justo, deleitando-se em sua lei, exaltando seu bom governo e diariamente fazendo justiça como filhas do Pai Celestial.

VERSÍCULOS PARA MEDITAÇÃO

Deuteronômio 10.17-19
Deuteronômio 32.3-4
Salmos 9.7-8
Salmos 37.27-29

Salmos 82.1-4
Salmos 89.14
Lucas 11.42

PERGUNTAS PARA REFLEXÃO

1. Como você tem conhecido a lei de Deus a fim de prover o bom governo em sua vida? Dê um exemplo de sua própria experiência. Como a lei de Deus tem-se provado um assunto digno de meditação e amor constantes?
2. Descreva uma época em sua vida em que você experimentou a amável disciplina de Deus. Qual foi o resultado?
3. Quais formas de autojustificativas e de tabelas de méritos você é mais propensa a usar? Que áreas implícitas de falta de arrependimento elas revelam?
4. Quais pessoas precisam de você para que faça justiça por elas? Faça uma lista específica de várias pessoas ou grupos em sua comunidade e pense em atos específicos que possam ser praticados nesta semana para ajudá-las.

ORAÇÃO

Escreva uma oração a Deus louvando-o por seu bom governo. Agradeça por sua lei, que preserva você de pecar. Confesse qualquer autojustificativa que você tenha dado durante a semana. Peça que ele faça crescer em você ódio por quaisquer atos humanos de injustiça, a fim de que você sirva com alegria àqueles que sofrem por isso. Agradeça novamente a Deus por ele nos ter justificado, a fim de que possamos agir com justiça.

5
Misericordioso

DEUS TOTALMENTE MISERICORDIOSO

*Profunda misericórdia! Pode ainda haver
tamanha misericórdia reservada para mim?*
— *Charles Wesley, 1740*

O nascimento de minhas duas filhas teve escassos 15 meses de intervalo. Devido à proximidade de idade, elas passaram pela escola compartilhando as mesmas amizades, jogando nas mesmas equipes esportivas, cantando no mesmo coro e servindo no mesmo ministério na igreja. Desse modo, quase sempre as pessoas as mencionam juntas. Os amigos perguntam: "Como estão Mary Kate e Claire?". De fato, elas têm muitas coisas em comum, e formam uma dupla feliz. Mas elas são pessoas individuais e únicas, cada qual muito agradável e de personalidade distinta, cada uma com sua própria versão de beleza interior e exterior, cada uma trazendo uma contribuição singular à nossa família e ao mundo. Qualquer um que as conhece identifica isso, e é apenas a circunstância de suas idades próximas que faz seus nomes serem mencionados juntos com tanta frequência.

Um ofuscamento similar de distinções muitas vezes acontece com dois atributos de Deus estreitamente associados em nossa mente: misericórdia e graça. Com frequência, ambas as palavras ocorrem juntas nos mesmos versículos. Aparecem como par em nossos hinos e coros de adoração. E, sem dúvida, esses atributos estão intimamente relacionados. Mas, assim como minhas filhas são felizes com suas semelhanças e deleitosamente distintas uma da outra, também os atributos de misericórdia e graça são dignos tanto de adoração compartilhada como de adoração individual.

Assim, tomaremos uma "irmã" — a misericórdia e a graça — de cada vez, um capítulo por vez. Mas, antes de dividi-las, temos de considerá-las em conjunto. Para isso, temos de incluir o contexto necessário da justiça de Deus. Quando Deus entrega os Dez Mandamentos a Moisés, celebra as três características de sua autodescrição:

> "E, passando o SENHOR por diante dele, clamou: SENHOR, SENHOR Deus compassivo, clemente e longânimo e grande em misericórdia e fidelidade; que guarda a misericórdia em mil gerações, que perdoa a iniquidade, a transgressão e o pecado, ainda que não inocenta o culpado, e visita a iniquidade dos pais nos

filhos e nos filhos dos filhos, até à terceira e quarta geração!" (Êx 34.6-7).

Já consideramos a justiça de Deus, mas, com o propósito de comparação, vamos destacar justiça, misericórdia e graça em três definições simples e clássicas que nos ajudam a entender como se relacionam entre si.

- **Justiça** é receber o que nós merecemos.
- **Misericórdia** é não receber aquilo que merecemos.
- **Graça** é receber aquilo que não merecemos.

Obviamente, saber "o que merecemos" é o primeiro passo para compreender as distinções entre esses três atributos. Nossa discussão sobre a justiça perfeita de Deus nos faz lembrar que, porque transgredimos sua lei santa, todos nós mereceríamos a morte. Mas o simples fato de você estar lendo este livro deve indicar que a justiça não foi aplicada. Pelo menos, não à sua custa. Caso contrário, você estaria morta, assim como também estaria morta esta autora. Não haveria livro a ler, nem outro livro qualquer, tampouco haveria alguém vivo para ler ou escrever livros, "pois todos pecaram e carecem da glória de Deus" (Rm 3.23).

O fato de, neste exato momento, você estar inspirando e expirando significa que recebeu misericórdia. Embora tivesse todo o direito de exigir sua vida, Deus tem concedido a você dias, meses e anos. Nisso, você (assim como todo ser humano) tem recebido misericórdia — fomos poupados da morte imediata, e a graça nos tem concedido longos dias. Fomos agraciados com o adiamento da morte física. E se, como parece provável, você está lendo este livro porque crê em Cristo, isso significa que recebeu não apenas misericórdia, mas também o dom da vida eterna — a maior graça de todas. Veremos mais a respeito da graça quando chegarmos ao capítulo próprio. Primeiro, vamos dar à sua irmã, a misericórdia, o que lhe é devido.

MISERICÓRDIA ABUNDANTE

A misericórdia de Deus é sua compaixão ativa para com sua criação. É sua resposta ao sofrimento e à culpa, ambos produtos da Queda. Mas até onde a misericórdia se estende? "O Senhor é bom para todos, e as suas ternas misericórdias permeiam todas as suas obras" (Sl 145.9). Deus é infinitamente misericordioso, mas exercita sua misericórdia conforme deseja, de acordo com sua vontade soberana. Ele escolhe em relação a quem exercerá sua misericórdia (Rm 9.15). Ele não é obrigado a demonstrar misericórdia a ninguém, mas, em toda a Bíblia, nós o encontramos demonstrando misericórdia igualmente a pecadores e santos. Os salmistas não conseguem parar de falar da misericórdia de Deus. E, embora muitas pessoas pensem que o Deus do Antigo Testamento é de justiça sobrepujante e desprovido de misericórdia, o Antigo Testamento menciona sua misericórdia quatro vezes mais que o Novo.[1]

---

1 A. W. Tozer, *Mais perto de Deus: os atributos de Deus*. São Paulo: Mundo Cristão, 1980, p. 140.

DEUS TOTALMENTE MISERICORDIOSO

Porém, o Novo Testamento nos ensina que, em Cristo, nós vemos a misericórdia de Deus demonstrada em toda a sua exuberância: "Mas Deus, sendo rico em misericórdia, por causa do grande amor com que nos amou, e estando nós mortos em nossos delitos, nos deu vida juntamente com Cristo, – pela graça sois salvos" (Ef 2.4-5). Paulo inicia a segunda carta aos Coríntios com uma celebração de Deus: "Bendito seja o Deus e Pai de nosso Senhor Jesus Cristo, o Pai de misericórdias e Deus de toda consolação!" (2Co 1.3). Pedro exclama: "Bendito o Deus e Pai de nosso Senhor Jesus Cristo, que, segundo a sua muita misericórdia, nos regenerou para uma viva esperança, mediante a ressurreição de Jesus Cristo dentre os mortos" (1Pe 1.3).

Deus Pai envia o Filho de acordo com sua grande misericórdia. Deus age com compaixão em relação aos pecadores, o Filho encarnou e a misericórdia adquire um nome.

Entender a misericórdia de Deus em Cristo pode nos ajudar a desfazer os nós de um importante versículo que muitas vezes lemos muito depressa, sem prestar atenção. É um versículo que memorizei na infância, mas sobre o qual nunca refleti com a intensidade que merece: "Se confessarmos os nossos pecados, ele é fiel e justo para nos perdoar os pecados e nos purificar de toda injustiça" (1Jo 1.9). Fiel e... justo? Ver Deus como fiel para perdoar os pecados confessados parece algo intuitivo, mas a referência à justiça é que me confundia quando eu procurava examinar esse versículo de forma mais detida. Como o perdão de Deus em relação aos nossos pecados pode ser justo? Será que não deveria ser dito "fiel e misericordioso" no lugar de "fiel e justo"? Isso levou a mais uma falha minha, a fim de me ajudar a desacelerar e compreender como esse versículo é verdadeiro.

JUSTIÇA, MISERICÓRDIA E MINIVANS

Meu marido, Jeff, é um excelente motorista. Nunca sofreu um acidente, exceto dois incidentes quando cursava o ensino médio, os quais nem são dignos de menção — um em que uma vaca inusitadamente sofreu ferimentos leves e outro quando uma máquina lava-jato teve uma pane catastrófica no momento em que Jeff passava pelo ciclo de lavar. Assim, a título de esclarecimento, Jeff é um excelente motorista que, embora tenha sido vítima de circunstâncias que estavam fora de seu controle por duas vezes, tem um histórico totalmente isento de acidentes.

Eu não sou má motorista. O único acidente entre dois veículos que sofri (tudo bem, reconheço, eu que o causei) foi no estacionamento da igreja. Dei uma ré a toda velocidade e bati num caminhão que estava atrás de mim, causando danos significativos ao seu para-choque e à sua lataria. Essa história é mais reveladora quando você entende que, em um local de estacionamento com mais de quatrocentas vagas, eu bati no único outro veículo que estava estacionado ali.

Eu não sou má motorista, mas já recebi multa. Há alguns anos, eu estava cruzando a cidade na hora do rush de sexta-feira para uma palestra que iria dar. Como eu havia esperado três sinais para virar à esquerda num cruzamento intenso, acelerei, avancei o sinal amarelo e continuei no meu caminho. Umas duas semanas depois, chegou pelo correio uma multa com a evidência fotográfica de meu erro. Eu havia cruzado o sinal vermelho. A justiça decidiu que eu gastaria duzentos dólares para limpar meu bom nome. Ou era assim que eu pensava.

Digamos apenas que não tínhamos os duzentos dólares sobrando, e minha vergonha por toda a situação me fez demorar para pagar a multa. Jeff notou que o prazo para o pagamento se aproximava e, sutilmente, me lembrou. Eu estava saindo da cidade, e ele, generosamente, concordou em entrar na internet e fazer o pagamento. Foi quando descobriu que, na verdade, não era o meu bom nome que estava em jogo, mas o dele. O carro que eu dirigia na ocasião estava registrado em nome dele, de modo que a multa foi atribuída ao histórico dele — ao seu excelente histórico de direção. A resposta dele? "Já cuidei disso."

Misericórdia. Ele pagou a minha multa sem reclamar, e minha culpa foi atribuída ao histórico dele. Aos olhos do grande estado do Texas, as exigências da justiça foram cumpridas, mesmo que por outra pessoa. Eu não recebi o que merecia; Jeff recebeu em meu lugar. Pela mesma razão, faz sentido que Deus seja tanto fiel como justo para nos perdoar os pecados: porque Cristo recebeu a justiça na cruz, nós recebemos misericórdia. Deus, tendo executado justiça sobre Cristo em nosso lugar, agora seria injusto ao não conceder perdão por nosso pecado. A misericórdia e a justiça tomam, ambas, seu lugar na narrativa de nossa salvação.

MISERICÓRDIA ACIMA DO JUÍZO

Um dos aspectos mais difíceis de escrever ou ensinar consiste em encontrar e contar histórias que ilustrem os pontos-chave daquilo que desejo comunicar. Prefiro histórias pessoais que realmente tenham ocorrido (como essa que acabei de contar), mas sempre há o risco de, ao contar a história, expor demais um amigo ou membro da família, de modo que é preciso tratá-los com cuidado. Por acaso, no episódio de uma discussão sobre misericórdia, a história perfeita já foi elaborada. Como os personagens são fictícios e a história nunca aconteceu, com certeza não corro o risco de ofender ninguém. Aqui eu a tomo emprestada com a plena concordância do autor.

É a história do homem mais respeitado da cidade e do homem que era mais odiado. Ambos foram até o local de culto, cada qual carregando o peso de seus fardos de maneira diferente. O primeiro homem fica de pé e ora em voz alta, agradecendo a Deus por não ser igual aos outros homens. Por seu próprio relato, ele é um modelo de justiça, nada parecido com aquele malandro que entrou depois dele e está agarrado ao muro na entrada. Sem dúvida, todos que o ouvissem concordariam com sua autoavaliação.

Mas, então, esse malandro, de pé a certa distância, abre a boca para falar. A presunção desse ato é inacreditável. Com base em que ele ousa oferecer sua oração nesse lugar? Mas ele faz apenas uma declaração simples: "Deus, tem misericórdia de mim, que sou pecador" (Lc 18.13, NVI).

A total insuficiência disso. A brevidade e a generalidade dessa oração, os vapores acres de desespero em volta de sua declaração balbuciada de forma impensada. Volte para o lugar de onde veio. Você não tem nada a ver com este lugar.

Mas o autor de nossa história pronuncia um veredicto diferente daquele que esperávamos: "Digo-vos que este desceu justificado para sua casa, e não aquele; porque todo o que se exalta será humilhado; mas o que se humilha será exaltado" (Lc 18.14).

Em verdade, essa história nunca aconteceu. Essa história tem acontecido milhares de vezes.

Como é possível que o publicano, o cobrador de impostos da parábola de Jesus, saia de lá justificado? A resposta está naquilo que sua breve declaração ensina. Sendo Jesus o autor da parábola, cada palavra foi escolhida e colocada com perfeita intencionalidade: "Deus, tem misericórdia de mim, que sou pecador."

Observe a figura de linguagem criada pela declaração desse homem. Deus de um lado da sentença; um pecador do outro lado; e, entre eles, a misericórdia. Mas existe mais nesse pedido por misericórdia. A palavra específica que Jesus escolhe para "tem misericórdia de mim" é a forma verbal da palavra que traduzimos como "propiciatório". Os ouvintes da história de Jesus sabiam que o propiciatório era a cobertura da arca da aliança. A arca situava-se no Lugar Santíssimo, a fim de representar um trono. Dentro da arca, havia o "testemunho" — os Dez Mandamentos, os implementos da justiça de Deus. Uma vez ao ano, o sumo sacerdote aspergia a mesa de propiciação com o sangue de um sacrifício inocente e sem mácula para expiar os pecados do povo.

Em essência, o cobrador de impostos estava clamando: "Ó Deus, sê propício a mim, pecador!" (ARA). O que incomoda nossos ouvidos modernos como se faltassem palavras é, de fato, uma petição perfeitamente bem calibrada. O publicano, em toda sua fala e justiça insuficiente, lança-se sobre a misericórdia do sangue expiador, que se interpõe entre ele e Deus.[2]

De fato, essa história nunca aconteceu. Essa história tem acontecido milhares de vezes. É o retrato de nossa salvação. O clamor do cobrador de impostos é o clamor de todos que reconhecem que a única base sobre a qual podem aproximar-se de um Deus santo é o sangue derramado de um Cordeiro inocente.

Tiago, irmão de Jesus, ecoa essa ideia quando nos lembra que "a misericórdia triunfa sobre o juízo" (Tg 2.13). Ou, literalmente, "a misericórdia se exalta sobre o juízo". Suponho que Tiago, assim como Jesus, também delineia uma figura de linguagem, relembrando o trono dourado da arca no Lugar Santíssimo. O salmista descreve a justiça de Deus como o fundamento de seu trono (Sl 89.14). Veja, os Dez Mandamentos estabeleceram a base da arca. Mas Deus não toma assento sobre a justiça. Não, ele toma assento sobre a misericórdia. Quando o tabernáculo foi completado, Moisés obedeceu aos mandamentos de Deus com todas as suas letras no que diz respeito à sua composição: "Tomou o Testemunho, e o pôs na

---

[2] James Montgomery Boice, *The Parables of Jesus*. Chicago: Moody Press, 1983, pp. 89-91.

arca, e meteu os varais na arca, e pôs o propiciatório em cima da arca" (Êx 40.20).

Observe essa imagem e considere a lição. A misericórdia se exalta acima do juízo. Onde a lei condena, a misericórdia triunfa.

EM VISTA DA MISERICÓRDIA DE DEUS

Como estou dirigindo atualmente? Obrigada por perguntar. Desde aquela multa por excesso de velocidade, não dirijo mais do jeito como dirigia. Sempre que me sinto tentada a correr quando avisto o sinal amarelo, minha consciência é despertada. Presto atenção com uma vigilância que antes me faltava, porque não estou disposta a ver o nome de Jeff ser mais manchado devido ao fato de eu ter quebrado a lei. A misericórdia tem esse efeito sobre os que a recebem. Ela muda o jeito como vivemos.

Depois de falar bastante sobre a natureza e a profundidade da misericórdia de Deus tanto ao judeu como ao gentio, o apóstolo Paulo conclui: "Rogo-vos, pois, irmãos, pelas misericórdias de Deus, que apresenteis o vosso corpo por sacrifício vivo, santo e agradável a Deus, que é o vosso culto racional" (Rm 12.1).

Como filhas de Deus, como pessoas que receberam dele a misericórdia da propiciação, agora vivemos com a misericórdia sempre em vista. O resultado dessa perspectiva é a entrega sacrificial de nossas vidas em favor dos outros. E, na medida do que nos é possível, permitimos que a misericórdia triunfe sobre o juízo.

Misericórdia significa aliviar o sofrimento, tanto físico como espiritual. Em vista da misericórdia de Deus, sacrificamos nosso próprio conforto físico para que outros encontrem alívio em meio às suas carências. Certamente fazemos isso em relação às pessoas que amamos. Mas também fazemos por aqueles em relação a quem, de acordo com o mundo, não temos obrigação alguma, mas em relação a quem, de acordo com a cruz, temos uma obrigação enorme. Em vez de nos comparar aos despedaçados e desesperados, vendo-nos mais justas do que eles, lembramos nosso estado humilde fora de Cristo e oferecemos o cálice da misericórdia aos seus lábios.

A misericórdia também significa perdoar assim como nós fomos perdoadas. Em vista da grande misericórdia de Deus, sacrificamos nossa amargura e nossos ressentimentos com o propósito de estender o perdão. Sacrificamos também nossas mágoas legítimas — a dor de termos sido injustamente rejeitadas, ou o sofrimento de uma ferida imerecidamente recebida. Confiamos a Deus esses dissabores, lembrando que Cristo suportou o mesmo de nós e por nós — e em um grau muito mais severo.

Pode surgir a pergunta natural: "Quantas vezes tenho de perdoar?". Não ficamos sem resposta. Certa vez, Pedro perguntou a mesma coisa a Jesus. Com algum conhecimento da generosa misericórdia de Deus, ele formulou sua pergunta de modo a esperar, sem dúvida, que Jesus o elogiasse: "Senhor, até quantas vezes meu irmão pecará contra mim, que eu lhe perdoe? Até sete vezes?" (Mt 18.21).

Os rabinos dos dias de Pedro ensinavam que uma misericórdia generosa significava perdoar até três vezes, mas não mais. Pedro, com certa grandeza, sugere um número mais alto do que os rabinos, um número simbólico — o sete, frequentemente usado no Antigo Testamento com o significado de perfeição ou completude. Jesus, então, responde com um chamado a uma misericórdia generosa que se estende mais longe do que Pedro poderia imaginar: "Respondeu-lhe Jesus: Não te digo que até sete vezes, mas até setenta vezes sete" (Mt 18.22).

Jesus amplifica o número simbólico de Pedro. Ele o multiplica por dez e, como boa medida, acrescenta mais sete: 7 × 10 + 7. Combina os 7 de integralidade de Pedro com o número 10, que também significa completude. Quantas vezes temos de perdoar? 7 × 10 + 7. Completamente x completamente + completamente. Segue sua afirmativa com uma parábola sobre um homem que, depois de ser perdoado por uma dívida astronômica, volta-se e trata sem misericórdia o homem que lhe deve uma quantia ínfima. Fica bastante claro o ponto em questão: Jesus manda Pedro perdoar como ele próprio foi perdoado. Ao máximo, como Deus nos perdoou.[3]

Depois, Pedro seria lembrado na Escritura por negar Jesus três vezes em uma só noite. Não bastariam três absolvições. Nem sete. Somente uma misericórdia generosa, uma misericórdia exuberante, serviria.

Negar misericórdia aos outros revela que não reconhecemos o que nós mesmas recebemos. A vastíssima misericórdia de Deus saiu de nosso campo de visão. Precisamos obedecer à conta de Deus para nossas vidas: "Sede misericordiosos, como também é misericordioso vosso Pai" (Lc 6.36).

---

3 Boice, *Parables of Jesus*, p. 182.

SÁBIA MISERICÓRDIA

O perdão exuberante não quer dizer que continuemos a nos colocar no caminho do perigo. A Bíblia trata em detalhes o risco de acompanhar aqueles que continuam prejudicando as outras pessoas. Os que não aprendem com seus erros passados são chamados de néscios. Conquanto possamos perdoar o louco por nos ferir, não lhe damos a oportunidade ilimitada de nos ferir repetidas vezes. Se fizéssemos isso, estaríamos agindo, nós mesmas, com loucura. Quando Jesus estende sua misericórdia nos Evangelhos, sempre o faz com a expressão "Vai e não peques mais", implícita ou explicitamente. Quando nosso ofensor insiste em pecar contra nós, somos sábias ao estabelecer limites. Fazer isso é um ato de misericórdia em relação ao ofensor. Ao limitar sua oportunidade de pecar contra nós, poupamos o outro de contrair maior culpa diante de Deus. A misericórdia nunca exige submissão ao abuso, seja espiritual, verbal, emocional ou físico.

Sim, Jesus suportou tudo isso por causa da expiação por nossos pecados. Mas nós não somos ele. Em tudo que ele suportou, jamais foi vítima. A vítima é alguém que foi subjugado por outra pessoa mais poderosa, contra a sua vontade. Podemos ser e seremos vitimizadas e, quanto menos poder tenhamos, com mais frequência isso ocorrerá. Por essa razão a Bíblia deixa clara nossa responsabilidade de cuidar da viúva e do órfão. Mulheres e crianças, a quem frequentemente falta poder na sociedade, são as mais facilmente vitimizadas, e as estatísticas mostram que isso ocorre muito mais com elas.

A Jesus, jamais, por um instante sequer em sua encarnação, faltou poder. Se ele fosse vítima, não seria nosso Salvador. Tendo ele acesso a poder ilimitado, voluntariamente entregou sua vida. Seguimos seu exemplo de estender misericórdia, mas fazemos isso como pessoas sujeitas à vitimização. Perdoamos ao máximo, mas não facilitamos nem concordamos com a vitimização contínua — nossa ou de qualquer outra pessoa.

MESA DE MISERICÓRDIA

Com frequência, aqueles a quem mais precisamos estender misericórdia e perdão não estão conscientes do mal que causam. Em geral, eles não se dão conta da necessidade de nos pedir perdão. É difícil estender misericórdia aos que não têm misericórdia. É difícil falar com Jesus: "Pai, perdoa-lhes, porque eles não sabem o que fazem" (Lc 23.34). Mesmo quando conseguimos agir assim, descobrimos que, com o tempo, as antigas feridas ressurgem. Por tal razão, Deus continuamente prepara uma mesa para nós na presença de nossos inimigos. Quando o velho inimigo da falta de perdão ergue a cabeça, lembramos que nossas cabeças já foram ungidas com o óleo do contentamento. Aproximamo-nos da mesa de nosso próprio perdão.

Jamais devemos esquecer que Jesus instituiu uma mesa de propiciação *na noite em que foi traído*. Naquela noite, ele disse sobre o pão: "Este é meu corpo". Naquela noite, ele falou do vinho: "Este é meu sangue".

Pão do mundo, por misericórdia quebrado,
Vinho da alma, em misericórdia derramado,
por quem as palavras de vida foram ditas,
em cuja morte nossos pecados são mortos:
olha o coração quebrantado pela tristeza;
olha as lágrimas derramadas pelos pecadores;
para que teu banquete seja o sinal
de que tua graça alimenta nossas almas (Reginald Heber, 1827).

Venha para a mesa à vista da misericórdia de Deus. Venha uma vez. Venha de novo. Quantas vezes a mesa de seu corpo e de seu sangue é preparada diante de nós? Perdoemos todas essas vezes. Perdoemos, e continuemos perdoando. Perdoemos porque ele apresentou seu corpo como sacrifício. Agora, apresentemos o *nosso* corpo como sacrifício vivo, nosso culto racional (Rm 12.1). A misericórdia triunfa sobre a justiça.

Bem-aventurados os misericordiosos,
 porque receberão misericórdia.
Bem-aventurados os misericordiosos,
 porque eles receberam misericórdia.
Bem-aventurados os misericordiosos,
 pois a misericórdia que receberam é infinita.

VERSÍCULOS PARA MEDITAÇÃO
Salmos 51.1
Salmos 119.156

Provérbios 28.13
Lamentações 3.22-23
Zacarias 7.8-10
Lucas 6.35-36
Tito 3.4-6

PERGUNTAS PARA REFLEXÃO

1. Você é mais parecida com o fariseu ou com o publicano da história de Jesus? Em que medida você está consciente de sua necessidade desesperada por misericórdia? O que a leva a não reconhecer essa necessidade e confessá-la com mais fervor?
2. Descreva uma fase em sua vida em que você mostrou misericórdia ao perdoar alguém que não lhe pediu perdão (mesmo que essa pessoa não tenha reconhecido isso). Qual foi o resultado? O que você aprendeu sobre ser seguidora de Cristo?
3. Por quem é mais fácil mostrar compaixão? Em relação a quem é mais difícil você demonstrar compaixão? Qual é a diferença entre esses dois relacionamentos ou tipos de pessoa que faz você reagir de maneira diferente? Como Deus as vê?
4. Como o desejo de crescer em misericórdia impacta positivamente nosso relacionamento com Deus? Como deveria impactar positivamente nossos relacionamentos com as outras pessoas? Dê um exemplo específico para cada situação.

ORAÇÃO

Escreva uma oração a Deus agradecendo pela misericórdia exuberante que é nossa em Cristo. Peça para ser misericordiosa como ele é misericordioso. Peça que ele faça de você um instrumento de compaixão ativa em relação àqueles que estão presos por sofrimento e pecado. Agradeça por ele preparar uma mesa diante de nós, na qual as novas misericórdias estão sempre à nossa espera.

6
Gracioso

DEUS TOTALMENTE GRACIOSO

*Foi a graça que ensinou meu coração a temer;
e a graça que aliviou os meus temores.*
— John Newton, 1779

Aproximo-me da seção no meio-fio pintada de azul mais claro, deslizando suavemente até a área de estacionamento. Retiro seu andador da parte traseira do carro e o coloco perto da porta de passageiro, para que ela se equilibre enquanto se levanta. Ela está usando uma roupa que combina perfeitamente com o colar que comprou há muitos anos numa loja de souvenires de um museu. Seus lábios são como pétalas de rosa, a tonalidade de batom que combina com as lembranças de minha infância relacionadas a ela. Então, ela surge, sorridente, agarrando as alças do andador, com um cheirinho de jasmim e lavanda acompanhando seus movimentos. Eu sei o que vem em seguida. É o roteiro de toda uma vida em relação às nossas despedidas de mãe e filha, tanto dos momentos mais grandiosos como dos mais comuns. Eu me inclino para receber a marca de sua bênção de pétalas de rosa em minha face.

— Amo você! — digo.

— Eu amo você mais ainda! — responde ela.

Observo-a enquanto cruza cuidadosamente a porta de seu prédio e lembro quanto esse jeito irritava a versão adolescente de minha pessoa. Por que não dizer simplesmente: "Eu também amo você"? Não é uma competição. Mas, quando eu me tornei mãe, percebi que ela não estava tentando ser melhor que eu. Estava simplesmente reconhecendo um fato: os pais amam seus filhos mais do que os filhos amam seus pais. Eles amam mais pela simples razão de que amam há mais tempo — eles começam a amar o filho antes do nascimento e o amam com a vantagem da perspectiva adulta —, com toda a força da compreensão adulta do mundo, dos perigos e das perdas, dos sofrimentos e das alegrias, das expectativas e dos arrependimentos. Nossa própria felicidade se entrelaça intrinsecamente com a felicidade deles. Mesmo quando eles "crescem e voam para longe", nossos corações voam junto com os deles.

GRAÇA ABUNDANTE

Como é impossível compreender as "irmãs" graça e misericórdia sem a justiça, seria igualmente impossível falar de graça em apartado do amor. O amor se expressa em graça. A graça de Deus é seu favor imerecido, mas defini-la apenas assim seria o mesmo que perder de vista a natureza extravagante desse favor. Jesus declarou que veio para nos dar não apenas vida, mas vida abundante (Jo 10.10). Adquiriu para nós não apenas alívio misericordioso da penalidade da morte, mas também a introdução a uma vida de graça acima de qualquer medida.

Aproximamo-nos de nosso Pai celestial de modo muito semelhante a como o filho pródigo faz, capazes apenas de clamar por misericórdia e esperando, de alguma forma, que não recebamos aquilo que merecemos, incapazes de levantar os olhos para o prospecto da graça — que, então, nós receberíamos muito mais do que merecemos. Mas nosso Pai responde com mais do que poderíamos pedir ou imaginar (Ef 3.20). Sua graça é a expressão de seu amor pelos pecadores, uma demonstração de favor que não é simplesmente adequada, mas também abundante. É o simples reconhecimento de um fato paterno: "Eu o amo mais ainda".

Embora, como pais terrenos, nossa própria felicidade esteja ligada à felicidade de nossos filhos, nosso Pai celestial não está limitado de forma alguma por seus filhos. Ele deseja que nós floresçamos e se deleita quando isso acontece, mas ele não *precisa* disso. Ele não depende de nós para nada. Sua graça é dada livre e incondicionalmente. Por definição, a graça não pode ser conquistada por nosso mérito, o que é uma boa coisa, porque não possuímos nenhuma justiça própria com a qual pudéssemos garantir qualquer coisa boa da parte dele. Não podemos convencê-lo a nos dar graça nem mesmo com nossos melhores argumentos, pois ele já conhece todos eles — os verdadeiros e os falsos. Não podemos coagi-lo a nos dar graça porque ele sempre é mais forte do que nós. Isso faz dele um pai melhor que qualquer mãe ou pai terreno, um pai de visão clara, que conhece "muito mais" sobre dar boas dádivas àqueles que pedem (Mt 7.11). Ele concede graça na medida que deseja — e faz isso à perfeição.

Abundância. Inicialmente, a graça não é pedida nem desejada. Deus, em sua soberania, estende sua graça a nós antes que consigamos contemplar sua possibilidade ou seu valor. Eternamente, a graça não é pagamento por algo que fizemos, tampouco é merecida. Crescemos para reconhecê-la pelo que é, e até nos tornamos bem ousadas para pedir maiores medidas de graça. Mas, no momento em que começamos a pedir, achando que há algum mérito nisso, nós a contaminamos. Exigir graça implica manchá-la. E, quando fazemos isso, assumimos o papel do irmão mais velho do filho pródigo, que se acostumou tanto com a fartura que acredita que seja sua por direito, e não um dom divino.

GRAÇA ETERNA

Mas voltemos a atenção desses irmãos litigiosos para as irmãs muito unidas: a misericórdia e a graça. Ainda mais que a misericórdia, a graça é vista como um conceito do Novo Testamento estreitamente ligado à pessoa de Cristo. Lemos no Evangelho de João: "Porque a lei foi dada por intermédio de Moisés; a graça e a verdade vieram por meio de Jesus Cristo" (Jo 1.17). É fácil pensar que a graça talvez não tivesse em operação até a encarnação de Jesus. Mas, sendo ele o eterno Filho de Deus, os cristãos entendem que todo crente é salvo pela graça somente através da fé: os do Antigo Testamento depositando sua fé na demonstração futura dessa graça no Calvário; os do Novo Testamento depositando sua fé nisso como um fato histórico. A. W. Tozer descreve a natureza eterna da graça:

> Ninguém foi salvo a não ser pela graça, desde Abel até o momento presente. Desde que a humanidade foi banida do Éden, ninguém jamais retornou ao favor divino, exceto pela absoluta bondade de Deus; e, onde quer que a graça encontre algum homem, sempre o faz por meio de Jesus Cristo. A graça realmente veio por Jesus Cristo, mas não esperou por seu nascimento na manjedoura ou por sua morte na cruz para se tornar operante. Cristo é o Cordeiro imolado desde a fundação do mundo. O primeiro homem em todo o mundo a ser reconduzido à comunhão com Deus o fez pela fé em Cristo. Nos tempos antigos, os homens aguardavam a obra redentora do Messias que viria mais tarde. Após a sua vinda, eles passaram a olhar para trás, mas sempre se aproximavam, como se aproximam, pela graça, mediante a fé.[1]

Tão logo entrou o pecado no jardim, aparece a graça, vestindo Adão e Eva com peles de animais, algo que o próprio Deus supriu.

---

1 A. W. Tozer, *Mais perto de Deus*. São Paulo: Mundo Cristão, 1980.

É Deus quem provê o primeiro sacrifício, assim como será Deus quem oferecerá o último. Graça do Jardim ao Gólgota. Graça do Gólgota à nossa geração. *E a graça nos conduzirá à nossa casa.*

Mas como a graça nos conduzirá para casa? Não nos conduzirá por um caminho largo, mas, sim, por um caminho estreito. Mas esse é um caminho de abundância, com seus marcadores de trilha baseados nos ensinamentos e no exemplo do próprio Cristo. Jesus faz bem mais que apenas inaugurar uma vida abundante de graça; ele a define e a demonstra. Talvez em nenhum outro lugar ouçamos tão claramente a abundância exposta por Jesus quanto no dia em que ele falou a esse respeito, sentado na encosta de uma montanha e cercado por seus seguidores.

ABUNDANTEMENTE ABENÇOADOS

Esses seguidores, como você e eu, sem dúvida se sentaram diante de Jesus com as próprias definições prontas do que é uma vida abundante. Sem dúvida, eles não tinham essa vida abundante de uma forma muito diferente do que costumamos ter hoje; a vida abundante abrange poder, status, aceitação e riqueza. A mídia social traz evidências diárias da natureza duradoura dessa definição:

> "Ótimas férias no Havaí com a família. #abençoado"
> "Nosso filho Ryan recebeu bolsa integral para a universidade! #abençoado"
> "Humilde e grato por ter sido nomeado o que mais produziu na minha empresa. #abençoado"

DEUS TOTALMENTE GRACIOSO

Se os discípulos tivessem usado a mídia social, essas mesmas afirmativas podiam ter aparecido em suas contas, talvez cheias de reportagens sobre o tamanho de sua frota pesqueira ou sobre uma celebração de Mitzvá. Mas, então, encontraram Jesus, e imagino que eles poderiam ter tuitado algo parecido com isto:

> "Honrado por me juntar ao time *startup* para o reino do céu! #abençoado."

Como nós, eles talvez tenham confundido a proximidade com o Messias como um meio de obter abundância de poder, status, aceitação ou riqueza. Mas, então, Jesus toma assento e abre a boca para lhes apontar a verdadeira natureza da vida abundante.

> Bem-aventurados os pobres de espírito, os que choram, os mansos, os que têm fome e sede de justiça.
> Bem-aventurados os misericordiosos, os limpos de coração, os pacificadores, os que são perseguidos por amor à justiça.
> Deles é o reino. Deles é a vida abundante.

Você entende a pobreza de seu espírito? Você é bem-aventurada. Você chora por seu pecado? Você é bem-aventurada. Você aprendeu a submeter sua própria vontade à de Deus e a desejar o que é verdadeiro? Você é bem-aventurada acima de toda medida. A pobreza, o sofrimento, a mansidão e a fome nos abrem caminho para uma vida abundante, com tanta certeza quanto o que ocorreu com os israelitas que haviam acabado de se libertar da escravidão no Egito. Misericórdia, pureza, paz e perseguição marcam a vida diária de abundância tão certamente quanto marcaram a vida do nosso Salvador.

Contrariamente ao que o mundo diria, Jesus descreve a vida abundante como plena de humildade. Como, mais tarde, seu irmão Tiago diria: "Deus resiste aos soberbos, mas dá graça aos humildes" (Tg 4.6; cf. Pv 3.34). Deus dá graça aos que abraçam essa vida abundante, e o faz para que vivamos a vida como Cristo viveu. O favor imerecido de Deus é que alimenta nossa santificação. Atende a dois propósitos na vida daqueles que querem andar humildemente diante de seu Deus: a graça os ensina e os fortalece.

ENSINADOS PELA GRAÇA

O apóstolo Paulo explica a Tito o papel do ensinamento da graça na vida do seguidor de Cristo:

> "Porquanto a graça de Deus se manifestou salvadora a todos os homens, educando-nos para que, renegadas a impiedade e as paixões mundanas, vivamos, no presente século, sensata, justa e piedosamente, aguardando a bendita esperança e a manifestação da glória do nosso grande Deus e Salvador Cristo Jesus, o qual a si mesmo se deu por nós, a fim de remir-nos de toda

iniquidade e purificar, para si mesmo, um povo exclusivamente seu, zeloso de boas obras" (Tt 2.11-14).

Não perca isto de vista: a graça nos ensina a obedecer à lei moral de Deus. A lei moral nos instrui em relação àquilo que é desagradável (a impiedade e as paixões mundanas) e àquilo que é agradável (domínio próprio, retidão e vida piedosa) diante de Deus. Sem a graça, seríamos incapazes de obedecer à lei. Como receptoras da graça, tanto somos capazes de obediência como somos ordenadas a obedecer — precisamente, ansiamos pela obediência. Embora a lei nos apontasse para nossa necessidade de graça, agora a graça nos aponta para nossa necessidade da lei. A graça capacita-nos a nos submeter humildemente ao bom governo de Deus. E Deus dá graça aos humildes, para que eles façam exatamente isso.

A contínua importância da lei na santificação explica por que Jesus advertiu com tanta veemência contra violar seus mandamentos ou ensinar outros a agir assim (Mt 5.19). Se a graça for vista apenas como um dom gratuito que cobre nossos pecados, e não como um meio de crescer em santidade, tornamo-nos negligentes em nossa obediência. Dietrich Bonhoeffer ressalta essa tendência em sua conhecida discussão da "graça barata":

> A graça é representada como um tesouro inesgotável da Igreja, de onde derrama bênçãos com suas mãos generosas, sem perguntas e sem fixar limites. Graça sem preço; graça sem custo! A essência da graça, supomos, é que a

conta já foi paga de antemão e, como já foi paga, podemos ter tudo sem nada pagar [...] Em uma Igreja desse tipo, o mundo encontra cobertura barata para seus pecados; não há necessidade de contrição, muito menos o desejo real de se libertar do pecado. A graça barata, na verdade, é uma negação da Palavra viva de Deus, e seria uma negação da Encarnação do Verbo, da Palavra de Deus.

A graça barata significa a justificação do pecado sem a justificação do pecador. Somente a graça faz tudo que eles dizem, de modo que tudo pode continuar do jeito que está. "Tudo pelo pecado não poderia expiar." Bem, então, deixe o cristão viver como o restante do mundo, deixe-o ter como modelo os padrões do mundo em todas as esferas da vida, e não deseje, presunçosamente, viver de maneira diferente de sua antiga vida debaixo do pecado.[2]

Não funciona se os crentes relaxarem em relação à lei e ensinarem a outras pessoas que essa prática é segura. Não podemos tolerar pacificamente os "pecados menores" sobre os quais fomos advertidas: mexericos, intromissão na vida alheia, dissimular a verdade, ter vaidade, jactância e inveja — costumamos considerar pecados assim um tanto suportáveis, talvez até mesmo inconsequentes. Isso convida à instabilidade em nosso caminhar e em nosso testemunho, cometendo o erro daqueles que rejeitam a lei:

---

2 Dietrich Bonhoeffer, *The Cost of Discipleship*. New York: Touchstone, 1995, pp. 43-44.

"Vós, pois, amados, prevenidos como estais de antemão, acautelai-vos; não suceda que, arrastados pelo erro desses insubordinados, descaiais da vossa própria firmeza; antes, crescei na graça e no conhecimento de nosso Senhor e Salvador Jesus Cristo. A ele seja a glória, tanto agora como no dia eterno" (2Pe 3.17-18).

Em vez de nos encolher diante da falta de lei, temos de crescer na graça e na verdade, segundo o modelo de Cristo, cheio de graça e verdade. A graça nos ensina a dizer não à impiedade, e sim à piedade. No que diz respeito à nossa justificação, a graça nos convida a deixar de lutar por ganhar aquilo que é um dom gratuito. No que diz respeito à nossa santificação, a graça nos instrui a rejeitarmos o erro das pessoas que vivem sem lei, a fim de que possamos crescer na graça. Graça gera graça. Mais uma abundância.

FORTALECIDOS PELA GRAÇA

Se toda essa conversa sobre sermos treinadas pela graça a obedecer nos faz sentir incapazes de realizar essa tarefa, anime-se. A graça não ensina apenas que devemos renunciar à impiedade; ela também nos fortalece nesse sentido.

Em suas palavras de despedida aos presbíteros da igreja de Éfeso, Paulo os entrega a Deus dizendo: "Agora, pois, encomendo-vos ao Senhor e à palavra da sua graça, que tem poder para vos edificar e dar herança entre todos os que são santificados" (At 20.32). De forma semelhante, tanto Hebreus 13.9

como 2 Timóteo 2.1 falam de sermos fortificadas pela graça com o propósito de atingir a obediência fiel. A graça nos edifica e nos fortalece, a fim de que tenhamos vidas santas, em consonância com a lei.

D. A. Carson fala da santificação como um "esforço impelido pela graça".[3] Esforçamo-nos na direção da santidade, não com base em nossa própria força, mas pelo poder da graça. Mas em que sentido a graça nos dá poder? Recebemos o gracioso dom do Espírito de Deus como o nosso ajudador em todas essas coisas. Zacarias 12.10 e Hebreus 10.29 o chamam "o Espírito da graça".

O Espírito da graça é um dom gracioso, como também um doador gracioso. Ele dá "o Espírito do Senhor, o Espírito de sabedoria e de entendimento, o Espírito de conselho e de fortaleza, o Espírito de conhecimento e de temor do SENHOR" (Is 11.2). Todos esses são dons abundantes da graça, com vistas a ser utilizados por aqueles que os recebem, para "[servirem] uns aos outros, cada um conforme o dom que recebeu, como bons despenseiros da multiforme graça de Deus" (1Pe 4.10).

Aqueles que desfrutam essa abundância têm condições de tratar o próximo abundantemente. Não vivem mais uma vida desfalcada com o mínimo possível no que diz respeito ao seu próximo, sempre procurando minimizar o que aqueles à sua volta possam requerer deles. Em vez disso, eles reconhecem, de um modo que antes não entendiam, todas as implicações da Lei e dos Profetas: "Tudo quanto, pois, quereis que os homens vos

---

3 D. A. Carson, *For the Love of God: A Daily Companion for Discovering the Riches of God's Word*. Wheaton, IL: Crossway, 2006, p. 23.

façam, assim fazei-o vós também a eles, porque esta é a Lei e os Profetas" (Mt 7.12). É de tão grande valor o imperativo moral dessa afirmativa que até mesmo os que estão fora da fé cristã adotam isso como "a Regra de Ouro". Mas, sem entendimento da abundante natureza da graça, até mesmo a "Regra de Ouro" pode ser usada de uma perspectiva mínima.

TORTA HUMILDE

Nada me torna mais consciente do jeito como desejo ser tratada do que quando estou fitando o último pedaço da torta de creme de coco. Essa é minha torta predileta, tanto para fazer como para comer. Quando vejo que há apenas um pedaço, meu primeiro pensamento sempre é ficar escondidinha em um canto, sentindo aquele cheirinho gostoso. Exige bastante esforço perguntar se mais alguém quer comer o último pedaço. Em geral, avalio a possibilidade de subdividir esse pedaço de torta de alguma forma igualitária. Mesmo quando consigo oferecer e servir a mais alguém, sou consumida pela nobreza da minha entrega e acabo me recompensando com meio pacote de biscoitos Oreo, como um prêmio de consolação.

A escassez tem um jeito de revelar nosso verdadeiro entendimento acerca da Regra de Ouro. Eis a verdade nua e crua: quando há apenas um pedaço de torta, não quero negá-lo a mim mesma e abençoar outra pessoa com ela, nem quero dividi-la de forma equitativa. Eu quero o pedaço todo. E é exatamente por isso que devo dar o pedaço inteiro a outra pessoa — ao fazer isso, estou cumprindo a "Regra de Ouro". Sim, no mínimo quero ser bem tratada pelas outras pessoas. Mas o que realmente quero é ser tratada de forma preferencial.

Meu amor por tratamento preferencial se demonstra de mil maneiras. Eu quero os melhores lugares para assistir a um concerto, o melhor lugar para estacionar, um *upgrade* para a classe executiva ou a primeira classe, o assento mais confortável da sala, o melhor pedaço de torta, o último pedaço da torta e a torta inteira, o tempo todo. Dispensar a outro o tratamento preferencial que eu quero exige humildade. Mas Deus dá graça aos humildes. Toda vez que comermos um pedaço humilde de torta, podemos ter certeza de que se fará acompanhar de um pedação exagerado de graça.

Nós, cristãs, não devemos ter a reputação de ser apenas equitativas. Devemos ter a reputação de dar preferência a todos, exceto a nós mesmas. Na condição de pessoas que receberam graça abundante, praticamos abundantemente o bem: "Deus pode fazer-vos abundar em toda graça, a fim de que, tendo sempre, em tudo, ampla suficiência, superabundeis em toda boa obra" (2Co 9.8).

Nossas vidas devem demonstrar que não existe algo como escassez quando somos filhas de Deus, pois nosso Pai celestial nos tem dado tudo aquilo que é necessário e muito mais do que poderíamos pedir ou imaginar. Devemos ser reconhecidas como mascates da abundância. Devemos ser conhecidas como pessoas que respondem à declaração "Odeio você" com a declaração "Amo você", e como pessoas que respondem a "Amo você" com a declaração "Eu amo você mais ainda".

Qual é a vontade de Deus para sua vida? Que você tenha vida, e a tenha em abundância. Que você dê preferência ao próximo, assim como lhe foi mostrado em Cristo. Que você ande pelo caminho estreito, diariamente assegurada da graça que recebeu na cruz e diariamente fortalecida pela graça que recebe a cada passo rumo à santidade.

VERSÍCULOS PARA MEDITAÇÃO
Salmos 116.5-9
Salmos 145.8
2 Coríntios 9.8
Efésios 1.3-10
Tito 2.11-14

PERGUNTAS PARA REFLEXÃO
1. Em que área de sua vida você se parece com o filho pródigo, crendo que seu pecado (passado ou presente) está além do alcance da graça? Como Deus responde à avaliação que você faz de seu pecado?
2. Leia as *bem-aventuranças* em Mateus 5.2-12. Como o modo pelo qual Jesus descreve a vida abundante de um seguidor de Cristo desafia o próprio conceito do que significa ser bem-aventurado? Como você reconhece a descrição dele como mais verdadeira do que aquela que o mundo define em relação a uma vida abundante?
3. Descreva uma época em sua vida em que você cumpriu a Regra de Ouro, ao dispensar tratamento preferencial a

uma pessoa difícil. Qual foi o resultado? O que você aprendeu sobre ser uma seguidora de Cristo?
4. Como o desejo de crescer em graça deve impactar positivamente nosso relacionamento com Deus? E quanto ao impacto positivo em nossos relacionamentos com o próximo? Dê um exemplo específico de cada.

ORAÇÃO

Escreva uma oração a Deus agradecendo-lhe pela abundante vida de graça que pertence a você em Cristo. Peça a ele que a ajude a ser graciosa assim como ele é gracioso. Peça que ele a ajude a lidar de forma generosa com seu próximo, por ter sido tratada de maneira generosa por ele. Agradeça por ele ter aberto o caminho, por intermédio de Cristo, para você receber graça após graça.

7
Fiel

DEUS TOTALMENTE FIEL

Tua mercê me sustenta e me guarda —
Tu és fiel, Senhor, fiel a mim!
— Thomas Chisholm, 1923

Em uma tarde de setembro de 1870, um grupo de nove exploradores montando cavalos, oito soldados do exército e dois cozinheiros abriram caminho ao longo do rio Firehole em um lugar nunca antes desbravado de Wyoming. Sua tarefa era explorar as montanhas e os vales de uma antiga cratera vulcânica, em uma área conhecida por sua atividade geotérmica. Nathaniel P. Langford, membro da expedição, mais tarde relatou o que eles encontraram naquele dia de setembro:

> Julgue, então, qual foi nossa surpresa quando entramos no vale, no meio da tarde do segundo dia de

viagem, e vimos, à clara luz do sol, a uma distância pequena, um imenso volume de água clara e brilhante projetada para o ar em uma altura de 38 metros.

"Gêiser! Gêiser!", exclamou um membro de nossa companhia. Então, apertando as esporas em nossos cavalos cansados, logo nos vimos em volta desse fenômeno maravilhoso. Realmente era um gêiser perfeito. A abertura pela qual o jato d'água se projetava tinha um formato oval irregular, de um metro por sete de diâmetro... Jorrou em intervalos regulares nove vezes durante nossa estada ali. As colunas de água fervente eram lançadas de 27 a 38 metros de cada vez, durando cada uma de 15 a 20 minutos. Demos a esse fenômeno o nome "Old Faithful" [Velho Fiel].[1]

Uma das maiores atrações do que hoje se conhece como Yellowstone National Park, o Old Faithful ganhou esse nome pela previsibilidade de suas erupções — previsibilidade que se mantém até a atualidade e, sem dúvida, já era evidente por séculos antes de sua descoberta — muito antes de haver bancos para os espectadores poderem sentar e observar, um centro turístico para os visitantes e folhetos com os horários da próxima exibição. Nos dias de Langford, a única alternativa para ver o Old Faithful era ir até Wyoming, uma viagem bastante dispendiosa, de difícil acesso, que levava muito tem-

---

[1] Nathaniel P. Langford, "The Wonders of the Yellowstone", *Scribner's Monthly* 2, n. 1 (Maio de 1871), p. 123.

po e representava um verdadeiro perigo. Mas, hoje em dia, graças a uma webcam e à generosidade do Serviço Nacional de Parques, qualquer pessoa com acesso à internet pode assistir à erupção do gêiser em tempo real. Hoje, a fidelidade do Old Faithful pode ser testemunhada por qualquer um que reserve um tempo para vê-lo.

O ÚNICO FIEL

Nas primeiras linhas do Salmo 90, Moisés declara: "Antes que os montes nascessem e se formassem a terra e o mundo, de eternidade a eternidade, tu és Deus" (v. 2). Eternamente, Deus tem sido Deus, imutável em todos os seus atributos. Antes do cataclisma vulcânico que levou ao surgimento das montanhas de Wyoming, havia um Deus eternamente fiel, inabalável em todos os seus caminhos, dedicado à total coerência entre suas palavras e suas obras. "Porque desde a antiguidade não se ouviu, nem com ouvidos se percebeu, nem com os olhos se viu Deus além de ti, que trabalha para aquele que nele espera" (Is 64.4).

Em sua fidelidade "desde a antiguidade", Deus sempre faz aquilo que promete. Aqueles a quem salva, ele é capaz de salvar até o fim, tão completa é sua fidelidade. Ele é fiel aos seus filhos porque não pode ser infiel a si mesmo. Ele é totalmente incapaz de ser infiel em qualquer nível.

Nenhum ser humano que conhecemos é assim consistentemente fiel. A pessoa mais inabalável que já conhecemos já nos decepcionou ou nos decepcionará. A Bíblia atesta isso claramente e escolhe apresentar as histórias de seus "heróis" em toda a sua glória não lapidada. A lista de homens e mulheres fiéis documentada em Hebreus 11 inclui, entre seus membros, assassinos e mentirosos, zombadores, covardes e valentões — até mesmo o mais admirável entre eles soube o que era quebrar a confiança. Somente Deus é plenamente fiel. Somente Deus é supremamente inabalável.

A fidelidade de Deus é tanto conforto para seus filhos como terror para aqueles que se opõem a ele:

> "Saberás, pois, que o SENHOR, teu Deus, é Deus, o Deus fiel, que guarda a aliança e a misericórdia até mil gerações aos que o amam e cumprem os seus mandamentos; e dá o pago diretamente aos que o odeiam, fazendo-os perecer; não será demorado para com o que o odeia; prontamente, lho retribuirá" (Dt 7.9-10).

Com muita frequência, somos tentadas a citar apenas a primeira parte dessas palavras de Moisés a Israel, por nos sentirmos bastante desconfortáveis com a ira de Deus. Mas Deus é fiel em executar justiça sobre aqueles que o rejeitam, assim como é fiel em manter seu amor inabalável por aqueles a quem recebeu. Ele abençoa aqueles a quem prometeu abençoar e amaldiçoa aqueles a quem disse que amaldiçoará. Para que adoremos a Deus como totalmente fiel, precisamos ter em vista ambas essas expressões de fidelidade. Precisamos desse Deus que é totalmente fiel. Quando os filhos de Deus escolhem esquecer o terror do juízo divino, formam Deus conforme sua própria imagem. E, ao esquecer a fidelidade de Deus em julgar, esquecem totalmente quem Deus é.

LEMBRETES DA FIDELIDADE

Deus conhece nossa tendência ao esquecimento. Como um pai amoroso ou uma mãe amorosa que deixa um rastro de bilhetes para uma criança não esquecer, por toda a história Deus tem adotado medidas para garantir que seus filhos se lembrem de sua fidelidade. Ele estabeleceu o sábado de descanso como lembrança de seu trabalho na criação. Ele ordenou que se erguessem pedras memoriais quando Josué conduziu Israel através do Jordão até a Terra Prometida. Ele instituiu os dias de festas do calendário judaico como uma forma de auxiliar a memória de sua fidelidade transmitida a Israel. A circuncisão foi um sinal pelo qual eles se lembrariam do pacto de Deus com Abraão, assim como o batismo e a Ceia do Senhor são lembranças da nova aliança.

Até as estações dão testemunho da fidelidade de Deus, como ocorre com o nascer e o poente do sol. Cada dia proclama a verdade da promessa de Deus a Noé: "Enquanto durar a terra, não deixará de haver sementeira e ceifa, frio e calor, verão e inverno, dia e noite" (Gn 8.22). O multiforme testemunho da natureza testifica um Deus que é grande em sua fidelidade.

A Bíblia é nosso grande Ebenézer, pedra memorial da fidelidade de Deus, cuidadosamente registrada e preservada para seus filhos. Quando nos esquecemos de Deus, ou quando questionamos se ele se esqueceu de nós, podemos nos voltar à sua

Palavra para contemplar seu amor firme de geração em geração. Ao contrário das gerações que nos precederam, nós temos acesso irrestrito a essa lembrança inestimável. Bíblias aos bilhões, literalmente. Toda cópia da Bíblia, desde aquela marcada pelo uso constante até aquela que foi esquecida, está sussurrando: "Lembre-se". Lembre-se do Deus que se lembra de você.

Crentes cujas Bíblias são gastas conhecem sua necessidade dessa mensagem. Para eles, a leitura dessas páginas não é apenas uma prática devida; é também um privilégio e tanto. Eles sabem que, em seu interior, uma verdade gloriosa é repetida para seu imenso benefício: Deus é digno de nossa confiança.

Quando gastamos nosso tempo com a Bíblia, nossas vidas começam a dar testemunho de sua mensagem fiel. Nós mesmas nos tornamos pedras memoriais para as pessoas que nos cercam, dando testemunho fiel de que Deus é digno de toda a nossa confiança, independentemente do que aconteça.

FIEL NA PROVAÇÃO

Nenhuma vida está isenta de provações. Mas a Palavra de Deus nos assegura que, não importa a circunstância de provação em que nos encontramos, ele jamais nos deixará nem nos abandonará (Hb 13.5). Ele é a rocha sólida nas tempestades da vida, o firme fundamento. Quando as provações nos sobrevêm, sabemos que nosso Deus fiel não nos abandonou. Embora talvez não percebamos sua benignidade e bondade no momento, podemos confiar no relato de sua fidelidade passada como prova de que podemos contar com ele no presente.

Após ter sido vendido como escravo por seus próprios irmãos, José suportou anos de prisão e exílio. E, mesmo quando Deus o elevou ao segundo lugar no governo de todo o Egito, dando-lhe visão e capacidade para livrar milhares de pessoas de morrer de fome durante o longo período de escassez, ele continuou carregando sobre si o grande sofrimento do passado. Quando, afinal, Deus o reconciliou com sua família, ele pôde dizer: "Vós, na verdade, intentastes o mal contra mim; porém Deus o tornou em bem, para fazer, como vedes agora, que se conserve muita gente em vida" (Gn 50.20).

José ilustra para nós o que Tiago nos promete a respeito das provações:

> "Meus irmãos, tende por motivo de toda alegria o passardes por várias provações, sabendo que a provação da vossa fé, uma vez confirmada, produz perseverança. Ora, a perseverança deve ter ação completa, para que sejais perfeitos e íntegros, em nada deficientes" (Tg 1.2-4).

As tribulações sempre provam a fidelidade de Deus, ainda que sejam necessários anos antes de essa fidelidade tornar-se visível. E, ao mesmo tempo que provam a fidelidade de Deus, produzem fidelidade em nós. José testemunhou vislumbres da fidelidade de Deus nos longos anos de suas provações e, por fim, pôde testemunhar que Deus havia usado seu sofrimento pessoal para salvar muitos da morte pela fome. O sofrimento fiel de um levou à salvação de muitos. A fidelidade de José na provação apontava para Cristo.

Quando vivenciamos problemas em nossas vidas, não nos regozijamos no sofrimento que nos causam, mas na fidelidade de Deus em utilizá-los para nos moldar, para que nos tornemos como Cristo. Deus é fiel em meio às provações, e é fiel depois de essas tribulações passarem, fazendo com que todas as coisas operem para nosso bem.

FIEL NA TENTAÇÃO

As provações nos levam a ficar de joelhos, lembrando-nos de nossos limites e nos reorientando em direção a Deus. Mas essa não é a única dificuldade que Deus usa para nos treinar na justiça. Deus também usa a tentação para nos moldar. Tiago lembra que Deus não nos tenta nem pode ser tentado (Tg 1.13). Isso faz sentido quando consideramos sua onisciência. Embora estejamos dispostas a abrigar a sugestão do pecado, para Deus isso não faz sentido. Ele já conhece o resultado final de todo cenário que encontramos. Nós, porém, permitimo-nos pesar os custos e benefícios (como se pudesse haver qualquer benefício no pecado). Dizemos a nós mesmas, como fizeram Adão e Eva, que talvez Deus esteja nos privando de alguma coisa boa. Talvez ele queira nos impedir de receber boas dádivas, enganando-nos em relação a alguma coisa. Sempre que brincamos com a tentação, estamos questionando a bondade de Deus.

Mesmo quando lidamos com a ideia de que Deus possa ser mentiroso e enganador, assim mesmo ele age conosco com um amor inabalável: "Não vos sobreveio tentação que não fosse humana; mas Deus é fiel e não permitirá que sejais tentados além das vossas forças; pelo contrário, juntamente com a tentação, vos proverá livramento, de sorte que a possais suportar" (1Co 10.13).

Preste atenção: Deus, *em sua fidelidade*, provê um caminho de escape. Mesmo enquanto estivermos sendo infiéis a ele, ele permanece fiel, apontando-nos o caminho da salvação.

Consideremos, então, o consolo de que toda tentação é comum a todos. Queremos crer que é incomum, que o pecado ao qual cedemos era algo que Deus não previa, que enfrentamos um dilema que ninguém mais antes de nós enfrentou. Queremos dizer a nós mesmas que pecamos por ter enfrentado uma tentação excepcional que nos arrastou. Mas Tiago diz que nossos próprios desejos é que nos arrastam para baixo (Tg 1.14). A tentação em si é comum. E é tão antiga quanto o tempo. Tédio completo para o Todo-Poderoso. Isso significa que providenciar um caminho de escape não exige qualquer malabarismo de sua parte. O caminho de fuga é comum, tanto quanto é a própria tentação. Ouça o Espírito Santo. Creia que Deus não é mentiroso. Escolha o caminho da justiça.

Toda tentação é comum. Toda tentação é evitável. Todo crente tem a capacidade de vencê-la. Como um músculo que se fortalece com exercícios repetidos, nossa capacidade de fugir da tentação se fortalece com a prática repetida. Para levantar um grande peso, o atleta começa usando pesos mais leves e constrói sua força com o passar do tempo. Quando somos fiéis a Deus nas tentações menores, edificamos nossa força para enfrentar aquelas que serão maiores. Ninguém cede a um surto explosivo de raiva sem haver cedido, em primeiro lugar, a milhares de agressões menores. Se, habitualmente, fugimos da tentação de cometer pecados menores de ira e egoísmo, estaremos menos propensos a cair na tentação de cometer pecados maiores de ira e egoísmo. Se, habitualmente, desculpamos os pecados "menores", não devemos nos surpreender quando cada vez mais nos envolvemos em pecados maiores.

Jesus ensinou que aquele que é fiel no pouco será fiel nas coisas maiores (Lc 16.10). Por trás de toda tentação, grande ou pequena, está a fidelidade de Deus, que está pronta a nos oferecer um caminho de escape. Quando respondemos à sua fidelidade com a nossa fidelidade, a tentação perde seu brilho e sua ousadia.

FIEL NO PERDÃO

As provações, tanto quanto as tentações, nos ensinam sobre a fidelidade de Deus, treinando-nos na fidelidade recíproca. Talvez o que mais nos assegura a esse respeito seja a fidelidade que ele demonstra no perdão (setenta vezes sete) do pecado.

Quando falamos da justiça de Deus, contemplamos o papel inesperado da justiça no perdão de nossos pecados. Agora, vamos refletir sobre a incompreensível profundidade de sua fidelidade em perdoar. João nos fala: "Se confessarmos os nossos pecados, ele é fiel e justo para nos perdoar os pecados e nos purificar de toda injustiça" (1Jo 1.9). Quando somos fiéis em confessar, ele é fiel em perdoar. Não importa quantas vezes confessamos pecados novos, não importa quantas vezes confessamos pecados repetidos, Deus é fiel em nos perdoar. Nunca chegaremos ao final de nossa confissão desse lado do céu, nem alcançaremos o fim de sua fidelidade de vir ao encontro de nossa confissão com seu perdão.

Mas iremos até o túmulo com o pecado inconfesso. Morreremos ainda cegas às áreas de pecaminosidade, tanto no passado como no presente. Será que Deus é fiel também em perdoar aqueles pecados? Mais uma vez, a onisciência de Deus oferece segurança em relação à sua fidelidade. Ainda que desconheçamos todos os nossos pecados, Deus conhece todos eles.

A morte expiadora de Cristo cobre todos os nossos pecados, até mesmo aqueles que nos são ocultos. Davi, ao indagar quem poderia discernir as próprias faltas, orou a Deus: "Absolve-me das que me são ocultas" (Salmos 19.12). Embora nos falte a capacidade de discernir plenamente a extensão do nosso pecado, o Deus que conhece cada um deles é fiel para perdoar todos eles.

FIEL ATÉ O FINAL

A Bíblia relata a fidelidade de Deus em fazer exatamente aquilo que ele diz que fará. Foi cumprida sua promessa de fazer de Abraão uma grande nação. Foi cumprida sua promessa de tirar Israel do Egito. Foi cumprida sua promessa de enviar um libertador, assim como ele falou. Nem tudo que ele prometeu já foi cumprido, mas será na plenitude dos tempos. Ele prometeu a libertação do pecado. Embora possamos ver a boa obra dessa libertação que ocorre em nós, ela ainda não está completa. Mas, como Deus tem todo poder, é capaz de fazer tudo que promete, e ninguém pode impedir sua mão de fazê-lo. Por isso o cristão define a esperança como mais do que apenas um desejo otimista.

Devido ao poder ilimitado e à inabalável fidelidade de Deus, a esperança que temos nele detém certeza absoluta. Não esperamos o cumprimento de suas promessas cruzando os dedos nas costas. Esperamos como quem *sabe* que ele tem sido fiel no passado e certamente será fiel até o fim. Temos a esperança certa de que "aquele que começou boa obra em vós há de completá-la até ao Dia de Cristo Jesus" (Fp 1.6).

Ele prometeu que virá o dia de Jesus Cristo. Certamente, isso vai acontecer. Em um dia no futuro, o Salvador voltará, assentado em um cavalo branco, portando o nome Fiel e Verdadeiro (Ap 19.11). Embora aguardemos esse dia em meio a dificuldade, fadiga e tentação, podemos esperar com a certeza de que mil anos para Deus são como um dia. Exatamente no tempo certo, os céus se abrirão. Portanto, "guardemos firme a confissão da esperança, sem vacilar, pois quem fez a promessa é fiel" (Hb 10.23).

FIEL COMO ELE É FIEL

Deus é fiel em fazer aquilo que prometeu. Na medida que isso for possível para nós, devemos agir da mesma forma. Devemos retribuir sua fidelidade em relação a nós mostrando-nos fiéis a ele. Devemos refletir sua fidelidade em relação a nós com fidelidade em relação a nosso próximo. Jesus Cristo é a expressão perfeita da fidelidade de Deus em relação ao ser humano, bem como a expressão perfeita da fidelidade humana para com Deus e o próximo. Seu exemplo nos mostra o caminho da fidelidade.

Em Salmos 119.30, Davi diz: "Escolhi o caminho da fidelidade e decidi-me pelos teus juízos". A vida de fidelidade é aquela em que escolhemos a cada dia depositar em Deus nossa esperança, com a certeza absoluta de que ele jamais falhará. Escolhemos o caminho da fidelidade, embora saibamos que será marcado por provações e tentações. Escolhemos isso nas questões grandes e pequenas. Utilizamos nosso tempo com fidelidade, não o desperdiçando como aqueles que servem apenas a si mesmos. Usamos com fidelidade nossas habilidades, trazendo glória àquele que nos deu cada uma delas. Guardamos com fidelidade nossos pensamentos, focando-os naquilo que é verdadeiro, respeitável, justo, puro e amável, usando as palavras com fidelidade para edificar e encorajar, exortar e repreender, bem como orar sem cessar.

Refletimos sobre nossa reputação diante dos outros. Somos conhecidas como fiéis em nosso casamento, nossas transações comerciais, nosso jeito de agir como pais ou mães, nossos compromissos com o voluntariado, nossas amizades, nossas obras de caridade? Fazemos o que dissemos que faríamos? Permitimos que nosso sim seja sempre sim e que nosso não seja sempre não? Mostramo-nos firmes, mesmo quando nossa cultura atual nos diz que os relacionamentos são descartáveis e que a vida tem de ser vivida na paixão do momento?

No fim das contas, todo ato de fidelidade em relação ao próximo é um ato de fidelidade diante do próprio Deus. Ainda que os outros possam firmar compromissos que não têm a intenção de cumprir, os filhos de Deus se esforçam para provar que sua palavra é seu compromisso. Não fazem isso para ganhar a confiança ou a aprovação dos outros, mas porque desejam ser como Cristo. Anseiam ouvir com seus ouvidos: "Muito bem, servo bom e fiel".

A vontade de Deus para sua vida é que você seja fiel como ele é fiel. Fiel a ele. Fiel ao próximo. Fiel neste momento. Fiel até o final. Aquilo que é a vontade dele, isso ele também realiza.

> "O mesmo Deus da paz vos santifique em tudo; e o vosso espírito, alma e corpo sejam conservados íntegros e irrepreensíveis na vinda de nosso Senhor Jesus Cristo. Fiel é o que vos chama, o qual também o fará" (1Ts 5.23-24).

VERSÍCULOS PARA MEDITAÇÃO

Números 23.19
Lamentações 3.22-23
Salmos 25.10
1 Tessalonicenses 5.23-24
Hebreus 10.19-23

PERGUNTAS PARA REFLEXÃO

1. Quem é a pessoa mais fiel que você já conheceu? Faça uma lista das diversas formas como testemunhou a fidelidade dessa pessoa. Como foi o exemplo dessa pessoa em relação à fidelidade de Cristo?
2. Como você tem vivenciado a fidelidade de Deus em meio à provação? De que forma seu período de provação produziu perseverança?
3. Como você tem reconhecido a fidelidade de Deus em meio às suas tentações? Como ele proporcionou um caminho de escape no passado? Qual tentação (pequena ou grande) você está sofrendo atualmente? Que sabedoria a Palavra de Deus oferece como saída?
4. Como o desejo de crescer em fidelidade pode impactar positivamente nosso relacionamento com Deus? Como pode impactar positivamente nosso relacionamento com o próximo? Dê um exemplo específico de cada situação.

ORAÇÃO

Escreva uma oração a Deus agradecendo por sua fidelidade e seu amor inabalável por você em Cristo. Peça que ele a ajude a escolher o caminho da fidelidade a cada dia. Peça que a ajude a ser inabalável em meio às provações, e que busque fielmente sair de cada tentação, seja grande, seja pequena. Agradeça-lhe pelo exemplo fiel de Cristo, que nos mostra o caminho da fidelidade.

8
Paciente

DEUS TOTALMENTE PACIENTE

Louvai-o por sua graça e favor
A seu povo que tanto sofre.
Louvai-o sempre por tudo que faz,
Tardio em repreender, veloz em abençoar.
— Henry F. Lyte, 1834

Meu trajeto de carro até o escritório (que também é minha igreja) não é complicado. No domingo pela manhã, pode levar até dez minutos se os sinais de trânsito estiverem sintonizados. Mas, em um dia útil pela manhã, leva mais de duas vezes esse tempo, por causa das áreas em que há escolas. Assim mesmo, não chega ao trajeto frustrante de uma hora que, por vários anos, percorri diariamente, quando vivia e trabalhava em Houston. Sou grata por essa experiência, porque me ensinou uma perspectiva de meu trajeto atual para o trabalho que permite que todo dia eu sinta prazer em fazê-lo.

Só que isso não é verdade. Você talvez imagine que, com um caminho tão fácil, eu não encontraria uma ou duas regiões com escolas que me causariam irritação, mas você está equivocada. Em muitas manhãs, eu me pego perguntando por que insistem em construir escolas em locais inconvenientes, bem no meio das comunidades. Foi numa manhã assim que minha rota me forçou a entrar em contato com outro fator alongador da viagem: uma pessoa idosa dirigindo muito abaixo do limite de velocidade e que, além disso, mudava constantemente de pista. Quando dei uma freada para evitar uma colisão, avistei um adesivo com um peixe, símbolo dos cristãos, com os seguintes dizeres: "Seja paciente. Deus ainda não acabou de me formar".

Lamento que a mensagem não tenha surtido o efeito educativo que esse homem adorável poderia esperar.

Ser humano significa lutar diariamente contra a impaciência. É uma batalha acirrada, por causa da íntima conexão entre a impaciência e a ira. Segundo minha experiência, esses dois estados costumam estar separados apenas por um nanossegundo. Não causa surpresa que a Bíblia comunique a ideia de paciência com a frase "tardio em se irar". É uma frase usada, em primeiro lugar, para descrever Deus, mas, repetidas vezes, a Bíblia a emprega também para descrever o homem sábio. A ira, por si mesma, não é necessariamente pecaminosa, mas se incendeia rapidamente — e é a marca do insensato.

Todas nós conhecemos a máxima de que a paciência é uma virtude, mas é uma virtude que raramente procuramos alcançar. A solução do mundo para o problema da impaciência não é desenvolver paciência, mas eliminar, tanto quanto possível, as situações que a requeiram. Queremos o que queremos no momento em que julgamos adequado. Não queremos esperar. Os provedores de bens e serviços se dedicam a eliminar os tempos de espera, a fim de competir por nossa fidelidade como clientes e por nossa atenção. Faça uma encomenda pela Amazon e receba o produto no mesmo dia. Voe em determinada linha aérea e será recompensada com embarques antecipados e serviço de despacho de bagagem mais rápido. Compre um *FastPass* na Disney e evite filas. Compre seu jantar por uma janela *drive-thru* em questão de poucos minutos.

Precisa de informação? Sem problema. Já se foram os dias em que era necessário esperar pelas respostas às suas questões existenciais quanto a quem estrelou em qual filme ou qual é a letra daquela canção dos *Guns N' Roses*. Graças à internet, todo mundo é gênio do trivial, guru do "faça você mesmo" e *chef gourmet* — especialistas em qualquer assunto depois de uma pesquisa de poucos minutos à procura do vídeo ou do artigo certo. Por falar em artigos, o jornal *Boston Globe* reportou um estudo que procurava averiguar quanto tempo os usuários da internet estariam dispostos a esperar para baixar uma página antes de abandoná-la. Resposta: os usuários começam a desistir depois de uma espera de dois segundos. Após cinco segundos, 25% dos usuários da rede abandonam o que procuravam saber. Aos dez segundos, os números sobem para 50%.[1]

---

1 Christopher Muther, "Instant Gratification Is Making Us Perpetually Impatient", *The Boston Globe online*, 2 fev. 2013.

Felizmente, consegui baixar esse artigo em menos de cinco segundos; caso contrário, não teria gravado essas estatísticas para que você tivesse o prazer de lê-las aqui.

As pesquisas mostram que o índice médio de atenção tem diminuído de 12 segundos, no ano 2000, para oito segundos, em 2015. Isso quer dizer que, agora, nosso nível de atenção é oficialmente menor do que o de um peixinho dourado por um segundo inteiro.[2] Esperar não é somente algo que evitamos; é algo que somos cada vez mais despreparadas para enfrentar. Essa é uma questão problemática para todos, mas especialmente para o seguidor de Cristo, que, repetidas vezes, é admoestado na Escritura a esperar no Senhor, a suportar com paciência o próximo, a ser paciente na aflição e a ser tardio em se irar. Os cristãos são gente de gratificação tardia, que aguardam uma esperança futura e abrem mão do conforto no presente. Mas nós habitamos em meio a um povo de gratificação instantânea, e é muito mais fácil flutuar atrás do peixinho dourado do que nadar contra a correnteza.

A PACIÊNCIA PERFEITA DE DEUS

Quando Deus declara pela primeira vez sua natureza a Moisés, descreve a si mesmo como tardio em se irar (Êx 34.6), característica exaltada em mais oito referências do Antigo Testamento. Simplesmente não podemos fugir da paciência

---

2 John Stevens, "Decreasing Attention Spans and Your Website, Social Media Strategy", *Adweek online*, acesso em 7 jun. 2016. Disponível em http://www.adweek.com/digital/john-stevens-guest-post-decreasing-attention-spans/.

de Deus demonstrada na Bíblia. Deus é paciente com seus filhos no que se refere aos seus pecados. Ele é paciente para nos suportar à medida que vamos progredindo no caminho da santificação, perdoando nossos pecados vez após vez. Ele é paciente em nos dar livramento no tempo oportuno. Ele é paciente para aguardar a colheita e paciente em colher os feixes na plenitude do tempo. Nosso Deus "não retarda [...] a sua promessa, como alguns a julgam demorada; pelo contrário, ele é longânimo para convosco, não querendo que nenhum pereça, senão que todos cheguem ao arrependimento" (2Pe 3.9).

A paciência de Deus é expressão de seu amor. Quando examinamos o ágape de Deus no Capítulo 2, fomos até 1 Coríntios 13, em busca de ajuda. Qual é a primeira descrição ali para o amor divino? O amor é *paciente*. O amor não foge ao primeiro sinal de que as coisas podem demorar um pouco, nem se aborrece quando as coisas não acontecem do jeito que ele quer. O amor de Deus é paciente, na melhor e na pior das situações. E tudo suporta.

A paciência de Deus cresce em beleza quando é emoldurada por sua onisciência. A ira tardia de Deus é um grande milagre quando consideramos que ele sabe e vê diariamente todas as coisas que nos induzem à ira. Costumamos deixar que a mínima irritação teste nossa paciência: o jeito de alguém mastigar, o prato sujo deixado sobre o balcão. Essas irritações menores que percebemos convidam nossa ira a crescer cada vez mais. Mas Deus, contra quem cometemos e continuamos a cometer pequenos e grandes pecados, nos suporta com paciência, conhecendo cada uma de nossas ofensas.

Não perca de vista a esperança que é encontrada nisto: a paciência de Deus implica expectação. Ele aguarda a resolução; os objetos de sua paciência não permanecerão para sempre como fonte de frustração. Pacientemente, ele trabalha em nós para querer e realizar segundo seu agrado. Pacientemente, ele opera em nós todas as coisas para nosso bem e para sua glória.

VÁ MAIS DEVAGAR

Já que Deus transborda paciência, nós também devemos nos esforçar para sermos pacientes. Não é surpresa que a Bíblia forneça amplas indicações de que a paciência é o caminho da sabedoria. Quatro vezes em Provérbios o sábio é descrito como tardio em se irar:

> "O longânimo é grande em entendimento, mas o de ânimo precipitado exalta a loucura" (Pv 14.29).
> "O homem iracundo suscita contendas, mas o longânimo apazigua a luta" (Pv 15.18).
> "Melhor é o longânimo do que o herói da guerra, e o que domina o seu espírito, do que o que toma uma cidade" (Pv 16.32).
> "A discrição do homem o torna longânimo, e sua glória é perdoar as injúrias" (Pv 19.11).

No Novo Testamento, Tiago reitera, de forma sucinta, a sabedoria do Antigo Testamento:

"Sabeis estas coisas, meus amados irmãos. Todo homem, pois, seja pronto para ouvir, tardio para falar, tardio para se irar. Porque a ira do homem não produz a justiça de Deus" (Tg 1.19-20).

A impaciência é a porta de entrada para uma ira facilmente desenfreada e injusta. E, como tal, merece nossa cuidadosa atenção. O que provoca nossa ira? Como podemos remediá-la?

CONTAR O PREÇO

Em termos simples, a impaciência resulta de sermos ruins em matemática. Quando falhamos em avaliar o preço de determinado esforço ou situação — o custo para o nosso tempo, bolso ou ego —, nossa paciência acaba se revelando faltosa. Qualquer momento em que você pense, "Isso é mais difícil do que eu esperava" ou "Isso está demorando mais do que eu esperava", enfrenta a tentação de ser impaciente. A julgar por quanto é comum a impaciência, somos todas péssimas em matemática.

Todas nós temos áreas na vida em que, quando chegamos a avaliar o custo, calculamos equivocadamente. Achamos que o casamento vai nos dar felicidade com um mínimo de esforço da nossa parte. Pensamos que ser mãe ou ser pai vai dar um significado profundo à nossa vida, sem custo adicional. Pensamos que o ministério ou nossos trabalhos nos trarão um propósito sem exigir muito em troca. Quando descobrimos a natureza caríssima do compromisso, perdemos a paciência e só queremos melhorar a situação ou acabar logo com tudo o mais rápido possível.

Somos ruins em avaliar o custo dos relacionamentos, mas também somos péssimas em avaliar o custo das provações. A maioria de nós observa bastante a ponto de reconhecer a natureza universal do sofrimento. Não esperamos isenção, mas tendemos a esperar que haja uma linha expressa para chegarmos logo ao outro lado. Ficamos surpresas quando nossa provação não se resolve logo depois de uma rodada fiel de jejum e orações. Não somos boas em matemática. Acreditamos que a quantidade necessária de tempo para completar o sofrimento é muito menor do que aquela que Deus ordena.

Se não conseguimos ser pacientes por mais de cinco segundos para o site carregar, provavelmente não suportaremos uma provação em longo prazo, nem sustentaremos bem um relacionamento difícil. Nossa ira será atiçada com facilidade toda vez que não conseguirmos aquilo que queremos na hora que consideramos adequada. A Amazon faz a entrega no mesmo dia da encomenda. Se não formos atentas, talvez comecemos a nos ressentir da falta de cuidado de Deus em nos oferecer bens e serviços de acordo com nosso próprio horário de entrega. Podemos até mesmo questionar sua bondade. Podemos até mesmo ignorar a possibilidade de que a própria espera seja um dom bom e perfeito, entregue diretamente em nossa porta.

Com frequência, observa-se que o segredo para uma vida feliz é manter baixas as expectativas. Existe alguma verdade nisso, embora talvez não precisemos de expectativas baixas, mas, sim, de expectativas corretas. Jesus passou um tempo considerável estabelecendo expectativas certas quanto ao que custaria para ser seu discípulo. Ele redefiniu as bem-aventuranças, conforme já vimos, mas também reconfigurou as expectativas quanto à forma como o mundo atenderia à mensagem do evangelho, a quantidade de tempo necessária para a justiça crescer em nós e a quantidade necessária para o reino do céu vir em toda sua plenitude. Para nos ajudar a pensar corretamente sobre todas essas coisas, ele contou parábolas usando a linguagem das colheitas.

A maioria de nós está longe de ambientes agrários. Falta-nos o entendimento compartilhado pela audiência original de Jesus de que lavrar a terra leva tempo. As plantações de trigo levam alguns meses para dar o grão. Os vinhedos levam alguns anos até que se possam colher as uvas. Um grão de mostarda leva décadas até ser uma árvore gigantesca. Falta-nos também o senso do intenso trabalho que se faz necessário para cuidar de uma fazenda. Minha experiência limitada de plantar tomates envolve visitas diárias às minhas plantas, quando, então, penso: "Isto está demorando mais do que eu imaginava. É mais difícil do que eu esperava".

Quando Jesus usa imagens de colheita em suas histórias, assume-se a necessidade da paciência. Isso também é mencionado de maneira explícita: "a [semente] que caiu na boa terra são os que, tendo ouvido de bom e reto coração, retêm a palavra; estes frutificam com perseverança" (Lc 8.15).

Tiago também menciona a paciência no contexto linguístico da colheita:

"Sede, pois, irmãos, pacientes, até à vinda do Senhor. Eis que o lavrador aguarda com paciência o precioso fruto da terra, até receber as primeiras e últimas chuvas. Sede vós também pacientes e fortalecei o vosso coração, pois a vinda do Senhor está próxima" (Tg 5.7-8).

Por que o lavrador é paciente? Porque, por experiência própria, sabe exatamente quanto tempo e em que circunstâncias haverá resultado para uma colheita. Ele é bom em avaliar o custo.

Deus nunca é impaciente porque é um exímio matemático. Ele nunca labuta sob uma expectativa equivocada acerca do que as circunstâncias ou os relacionamentos vão custar. Ele jamais olha para o pecado presente em sua vida e pensa: "Isso está demorando mais do que eu esperava". Ele nunca olha para os problemas deste mundo e pensa: "Isso está mais complicado do que eu esperava". Ele é capaz de suportar nossa fraqueza porque compreende, do começo ao fim, e não somente sabe avaliar o custo do relacionamento, como também paga por isso.

O preço foi um Cordeiro sem mácula.

Jesus Cristo, que é a revelação da paciência do Pai, é também o exemplo humano perfeito da paciência.

A PACIÊNCIA DE CRISTO

Até eu completar meu percurso da manhã, da minha casa ao local de trabalho, quando, então, sento à escrivaninha, cometo o pecado da impaciência várias vezes. Até a hora de voltar para casa, terei feito isso ainda mais vezes. Viver ombro a ombro com pecadores significa que nossa paciência será testada muitas vezes. Com mais frequência que imaginamos, nossa ira será atiçada e nossa resposta não produzirá a justiça que Deus requer.

Jesus Cristo viveu 33 anos andando ombro a ombro com pecadores, sem dúvida sentindo-se constantemente tentado a ter uma impaciência pecaminosa e uma ira súbita. Contudo, a Bíblia relata apenas dois casos em que sua ira se manifestou. Dois. Em 33 anos. Por todo lado, ele encontrava gente que transgredia os mandamentos de seu Pai. Portanto, expressar uma ira intensa seria justificável e até justo. Mas, mesmo nos momentos em que ele expressou ira justa, demorou para fazê-lo. Ele suportou pacientemente os pecadores.

E ele não era paciente apenas com os pecadores; era também com as circunstâncias à sua volta. Ele fez milagres e ensinou no tempo oportuno para que seu ministério se desenrolasse conforme a vontade de seu Pai. Quando instigado por sua família a apressar as coisas, ele respondeu que ainda não era chegado seu tempo (Jo 2.1-5; 7.1-8). Ele sabia esperar com paciência no Senhor.

Jesus também era paciente no sofrimento. O apóstolo Pedro, testemunha ocular da crucificação, relembra a paciência de Cristo em meio à aflição:

> "Porquanto para isto mesmo fostes chamados, pois que também Cristo sofreu em vosso lugar, deixando-vos exemplo para seguirdes os seus passos, o qual

> não cometeu pecado, nem dolo algum se achou em sua boca; pois ele, quando ultrajado, não revidava com ultraje; quando maltratado, não fazia ameaças, mas entregava-se àquele que julga retamente, carregando ele mesmo em seu corpo, sobre o madeiro, os nossos pecados, para que nós, mortos para os pecados, vivamos para a justiça; por suas chagas, fostes sarados" (1Pe 2.21-24).

Pacientemente, ele suportou a cruz. Cristo é nosso exemplo de paciência com os pecadores, paciência nas circunstâncias e paciência no sofrimento. Ele mostra o que é a paciência humana perfeita.

Depois de fazer sua famosa declaração de que era o maior dos pecadores, Paulo menciona o propósito de Deus em salvá-lo: "Mas, por esta mesma razão, me foi concedida misericórdia, para que, em mim, o principal, evidenciasse Jesus Cristo a sua completa longanimidade, e servisse eu de modelo a quantos hão de crer nele para a vida eterna" (1Tm 1.16). Paulo reconhecia que a profundidade de seu pecado demonstrava a profundidade da paciência de Cristo. Quando vemos nossa própria salvação como expressão e exemplo da perfeita paciência de Cristo, começamos a desejar que nossa vida também reflita e exemplifique essa paciência. Começamos a esperar com paciência no Senhor. Começamos a suportar com paciência as outras pessoas, mesmo aquelas que estão entre os maiores pecadores.

PACIENTE COMO ELE É PACIENTE

A vontade de Deus para nossa vida é que sejamos pacientes como ele é paciente. Ele deseja que sigamos o exemplo da paciência de Cristo e aguardemos pacientemente a volta de Cristo.

Quando nos frustramos com um amigo ou membro da família que persiste no pecado, podemos lembrar que Cristo nos suporta com paciência. Quando consideramos que está demorando mais do que conseguimos suportar para uma situação se resolver, podemos lembrar a paciência de Cristo de esperar o tempo do Pai em todas as coisas. Quando nos sentimos sobrecarregadas com o sofrimento, podemos lembrar que, no momento de maior sofrimento de Cristo, ele se manteve firme e orou até mesmo pelo perdão de seus adversários. E, quando nos sentimos desanimadas com nossa própria situação porque continuamos cedendo ao pecado, podemos nos lembrar — nem acredito que estou dizendo isso — de ser pacientes, porque Deus ainda não terminou de nos formar.

Tampouco ele terminou de formar sua igreja, a noiva que aguarda pela sua volta. A paciência não é somente a capacidade de esperar, mas também de tolerar. Não basta cerrar os dentes e esperar que uma circunstância mude ou uma provação se resolva, riscando os dias de um calendário. É preciso viver diariamente consciente de que Deus tem todas as coisas em suas mãos e que, no grande esquema dos acontecimentos, qualquer problema que enfrentemos nesta vida é leve e momentâneo. O pecado e o sofrimento têm data para expirar. Não são eternos. Aqueles que esperam pacientemente a volta de Cristo fazem isso com a segurança de que todas as coisas serão renovadas, na convicção de que cada dia até aquele grande dia conta para a eternidade.

A igreja deverá ser um reservatório de paciência. Enquanto o restante do mundo corre atrás das novidades a cada oito segundos ou menos, nós temos de ser aquelas pessoas que voltam os olhos para a longa paisagem. Precisamos ser conhecidas por nosso poder de permanência, pois amar o próximo é mais demorado do que nossas expectativas e é mais difícil do que imaginamos. Demanda paciência correr com perseverança, mas essa é a corrida que o mundo precisa ver em nós. Pode até ser o que chama a atenção e atrai no meio de um mundo de peixinhos dourados. Que a paciência seja encontrada entre o povo de Deus! Ele ainda não terminou sua obra em nós.

VERSÍCULOS PARA MEDITAÇÃO

Salmos 37.7
Salmos 86.15
Romanos 15.4-5
Colossenses 3.12-13
2 Pedro 3.14-15

PERGUNTAS PARA REFLEXÃO

1. Pense na pessoa que mais provavelmente testa sua paciência. Quais expectativas erradas podem estar contribuindo para sua falta de paciência com essa pessoa? Como o exemplo de Cristo nos instrui a reformular nossas expectativas?

2. Reflita acerca de Provérbios 19.11. Quão bem a expressão "tardio em se irar" descreve você? O que você teme perder se optar por não revidar a uma ofensa?
3. Como um período de provação produziu paciência em você, de modo que você não a teria desenvolvido caso não tivesse passado por essa situação? O que você aprendeu sobre Deus ao longo desse processo? Como essa experiência alterou seu modo de compreender a paciência de Cristo?
4. Como você tem reconhecido a paciência de Deus enquanto luta contra o pecado em sua própria vida? Para você, o que é ser paciente no processo de santificação, sem dar desculpas pelo pecado? Dê um exemplo.

ORAÇÃO

Escreva uma oração ao Senhor agradecendo por sua paciência com os pecadores, especialmente em relação a você. Peça que ele a ajude a crescer em paciência com as pessoas e ser melhor ao esperar nele dentro das suas circunstâncias. Peça que ele a ajude a ser tardia em irar-se e rápida em não levar em conta a ofensa. Agradeça-lhe pelo exemplo fiel de Cristo, que nos mostra o caminho da paciência.

9 Verdadeiro

DEUS TOTALMENTE VERDADEIRO

*E, embora este mundo esteja cheio de demônios,
Se quisessem nos devorar,
Não poderiam assustar-nos, pois Deus quis
sua verdade triunfar por meio de nós.*
— Martinho Lutero, 1529

Hoje de manhã, antes de eu me sentar para escrever, destinei um tempo a responder aos e-mails. Para mim, esse é um modelo clássico de procrastinação no dia em que escrevo, pois pelo menos me sinto realizada ao reduzir minha caixa de entrada, quer eu consiga escrever, quer não. Mas hoje meu processo de autocongratulação foi completamente malsucedido.

Em minhas mensagens, havia um convite para um evento ao qual eu não queria comparecer. O anfitrião, percebendo que as confirmações de comparecimento estavam escassas, pediu que os convidados expressassem suas razões para não ir. Eu inventei uma desculpa sobre como minha família já tinha planos para aquele fim de semana e como eu sentia muito por não atender ao convite.

Isso era mentira. Por favor, não perca de vista o que estou dizendo: na manhã reservada para escrever um capítulo sobre como Deus é confiável, meu primeiro impulso ao ligar o computador foi alterar a verdade. Apaguei a tal resposta e enviei uma mensagem que, embora ainda fosse gentil e contivesse um mínimo de palavras, pelo menos era honesta. Mas eu tive de me perguntar se teria reconhecido a "cutucada" da minha consciência se não tivesse passado vários dias fazendo uma pesquisa para escrever este capítulo sobre a psicologia da razão pela qual mentimos. Quantas vezes eu, sem hesitação, modifico a cor da verdade, sem me dar conta de que estou fazendo isso?

De todas as nossas habilidades verbais, a mentira é a que nos vem mais rápido e com mais facilidade. Os pesquisadores consideram até mesmo que a mentira é um sinal de desenvolvimento cognitivo normal quando começa a surgir durante o primeiro e o segundo ano de vida.[1] A fala bondosa leva anos para se desenvolver. A fala educada demanda mil repetições para entrar na cabeça de uma criança. Mas o que acontece com a mentira? É como se tivéssemos nascido com as sementes da enganação prontas para brotar aos primeiros sinais do vocabulário.

Porque, vamos encarar a verdade, é exatamente assim que nascemos. Desde que o pai da mentira foi rastejando para den-

---

[1] Yudhijit Bhattacharjee, "Why We Lie: The Science Behind Our Deceptive Ways", *National Geographic online*, acesso em 15 jun. 2017. Disponível em https://www.nationalgeographic.com/magazine/2017/06/lying-hoax-false-fibs-science/.

tro do jardim e distorcendo a verdade do Pai das Luzes, os seres humanos demonstram aptidão para falar com a língua bifurcada da serpente. Ali estávamos nós, bem guardados dentro do Paraíso, sendo revelada a verdade de Deus a nós, clara como o dia: Comam quanto quiserem de todas essas árvores. Só não comam nada dessa única árvore, ou vocês vão morrer.

Entra o mentiroso, que, com uma fala escorregadia e distorcida, faz aquilo que os mentirosos sabem fazer de melhor. Ele questiona a credibilidade do Doador da Verdade; distorce suas palavras e, em seguida, nega acintosamente o que acabara de dizer. Não surpreende que a humanidade não tenha perdido tempo para adotar os modelos de fala daquele a quem sucumbiu. As primeiras palavras documentadas de Adão depois da Queda foram uma inverdade. Quando Deus pergunta onde Adão estava, ele responde: "Ouvi a tua voz no jardim, e, porque estava nu, tive medo, e me escondi" (Gn 3.10). É claro que ele não estava com medo por estar nu. Estava com medo porque transgredira a lei de Deus. Quando Deus pergunta diretamente se ele comeu do fruto proibido, Adão se entrega ainda mais ao engano, fazendo papel de vítima: "A mulher que me deste por esposa, ela me deu da árvore, e eu comi" (Gn 3.12).

Puxa, Adão! Um simples "sim" ou "não" teriam bastado. Não precisava inventar uma desculpa.

No meio de um revirar de olhos, lembro a questão daquela resposta esperada ao convite que eu achava que tinha de embelezar. Provérbios 12.22 diz: "Os lábios mentirosos são abomináveis ao SENHOR, mas os que agem fielmente são o seu prazer". Por que um linguajar tão forte ao falar dos mentirosos? Porque os que foram criados à imagem da Verdade Perfeita devem refletir a verdade absoluta de seu Criador.

DEUS É VERDADE

Deus é a verdade. Ele é a origem e a razão de toda verdade. O que ele define como verdadeiro é eternamente verdade, uma verdade imutável. Como ele é a verdade, todos os seus atos revelam verdade e todas as suas palavras a declaram. Como a própria plenitude da verdade, Deus é incapaz de mentir, embora, algumas vezes, nossa percepção limitada nos leve a duvidar disso. Satanás sabe disso e nos tenta assim como tentou Eva. Ele sugere que, se pecarmos, certamente não morreremos como Deus disse. Como Eva, cruzamos a linha do pecado, para nos encontrar ainda inspirando e expirando — não mortos —, e, então, enganosamente presumimos que a Serpente disse a verdade. Mas o tempo revela que estamos, de fato, morrendo — exatamente como Deus disse. O pecado não é simplesmente a rejeição da vontade de Deus. É a rejeição da verdade, a negação daquilo que é real (Rm 1.25).

Deus não somente diz a verdade absoluta sobre o pecado; ele diz a verdade absoluta sobre a graça. Se confessarmos nossos pecados e chamarmos pelo nome do Senhor, ele nos perdoará assim como afirmou. Embora estivéssemos mortos em nossas transgressões, ele "nos deu vida juntamente com Cristo, — pela graça sois salvos" (Ef 2.5). Aqui também, Sata-

DEUS TOTALMENTE VERDADEIRO

nás quer nos levar a questionar a veracidade do que Deus disse. Em todo pecado que cometemos como cristãs, somos tentadas a temer que tenhamos pecado acima do que a graça de Deus alcança. Mas o simples fato de nos preocuparmos com o pecado além do alcance da graça de Deus é uma evidência de que estamos vivas — como Deus disse.

A verdade é qualquer coisa que se conforma com a realidade. Assim, quando reconhecemos que Deus é verdade, fazemos mais que afirmar que ele é leal. Estamos afirmando que é ele quem define a realidade de Deus. A temperatura na qual a água ferve é uma realidade. A altura do Monte Kilimanjaro é uma realidade. Essas realidades podem ser aferidas pelos humanos. Deus define essas coisas. Mas nosso Deus infinito articula também uma realidade que vai além do que os humanos são capazes de medir. Somos notoriamente ruins em medir os efeitos negativos do pecado, mas Deus ainda é fiel em nos apontar para a verdade de sua capacidade de matar. Não nos importamos em medir os efeitos positivos de viver com retidão, mas, ainda assim, Deus é fiel em nos apontar a verdade de seu valor eterno.

Deus, como fonte e detentor de todo o conhecimento, não pode ser menos que verdadeiro. Deus define a realidade porque ele é a sua origem. Ao afirmar que nosso Deus define uma realidade objetiva, o cristianismo nega totalmente a ideia de relativismo moral, ou seja, de que nós é que decidimos o que está certo ou errado. O que Deus declara ser bom é realmente bom e o que Deus declara ser mau é realmente mau.

VERDADE COM TROMBA, CHIFRE E RABO

O relativismo moral, a ideia de que "o que é certo para você pode não ser certo para mim", é produto de mentes finitas. É um modo de acomodar a perspectiva limitada pela qual cada um de nós necessariamente funciona. O relativismo moral assevera que a verdade pessoal é a forma mais elevada de verdade que podemos ter, que não existe uma verdade mais elevada e absoluta.

A ilustração clássica dessa ideia é a história dos cegos e do elefante. Dependendo de que parte do elefante estejam tocando, cada um percebe o animal de uma forma: um acha que é um muro; outro, uma serpente; outro ainda, uma lança; e assim por diante. Desse modo, concluímos que é possível que todos esses homens estejam corretos, embora apenas parcialmente.

Essa história do elefante tem origem nos escritos budistas e hinduístas. Parte do pressuposto de que todos nós somos cegos. Mas e se houvesse alguém vidente que entrasse e elucidasse aos homens cegos a verdadeira natureza do elefante? Melhor ainda, o que você diria se essa pessoa realizasse milagres, de modo que pudesse dar visão aos cegos? Uma pessoa assim seria capaz de ajudar aqueles que antes eram cegos a perceber o mundo de forma correta, pois antes eles navegavam apenas em meio às trevas. Isso seria uma narrativa para todas as eras.

Essa seria a história da Bíblia, a verificação máxima da realidade para aqueles que foram seduzidos pelo relativismo moral. A Bíblia declara que Deus mesmo é a marca registrada da verdade, aquele que define a realidade, e que suas criaturas estão sujeitas às suas definições. Como na história do elefante, a Bíblia declara que as pessoas amam as trevas. Mas também fala que a luz entrou nessas trevas, resultando na revelação da verdade àqueles que antes eram cegos. Como todo sistema de crenças, o cristianismo pergunta e responde às perguntas existenciais que todo ser humano enfrenta:

- **Origem**: De onde eu vim?
- **Propósito**: Por que estou aqui?
- **Problema**: O que está errado?
- **Solução**: O que conserta o que está errado?

O modo de a Bíblia responder a essas questões emoldura uma cosmovisão cristã, a realidade a partir da qual operamos:

- **Origem**: Não somos um acidente cósmico; fomos criados por Deus.
- **Propósito**: Existimos para dar glória a Deus e para sempre ter prazer nele.
- **Problema**: Como Adão e Eva, trocamos a verdade de Deus por uma mentira e nos rebelamos contra nosso Criador, o que nos tornou espiritualmente mortos.
- **Solução**: Deus enviou seu Filho para nos redimir da morte e nos dar vida.

Mais cedo ou mais tarde, todo cristão será chamado a defender essa cosmovisão. A maioria de nós sente certo nível de pavor diante desse pensamento. Eu não sou mestre em apologética, mas a razão que mais me compele a crer na veracidade das declarações da Bíblia é o fato de que ela responde às questões de onde viemos, por que estamos aqui, o que está errado e o que pode consertar o erro, de forma mais convincente que qualquer outro sistema de crenças que já encontrei. O modo como o pecado é descrito é acurado. A solução proposta ao pecado transcende qualquer esforço humano. O propósito que ela dá à existência humana, se assumido, faz as pessoas viverem de modo sacrificial.

A cosmovisão cristã é uma visão racional. É assim porque essa é a realidade. Não é apenas racional; também é boa. A verdade de Deus é boa. Todos os outros sistemas de crenças envolvem ganhar recompensa por autossacrifício ou autodisciplina. O que se ganha em retribuição pode ser a autoconsciência ou o paraíso, dependendo do sistema de crenças em questão, mas somente o cristianismo rejeita a noção de merecimento. Somente o cristianismo propõe uma solução permanente para o peso de nossa culpa. Somente o cristianismo fala de uma vida de autossacrifício como o fim, e não como o meio, como uma resposta de gratidão, e não como um remédio que exige esforço para ser ingerido. A realidade de Deus é verdadeira, e a realidade de Deus é boa.

VERDADE COMPARTILHADA

A Bíblia não contradiz apenas o relativismo moral; contradiz também qualquer noção de verdade pessoal que exista de forma independente da verdade compartilhada. A verdade de Deus é pública e não é dada apenas para que o indivíduo possa viver em um correto relacionamento com Deus, mas para que possa viver em um correto relacionamento com as outras pessoas. A fé cristã não tem lugar para o individualismo. Tão logo Adão é criado, Deus declara que "não é bom" que esteja só, dando uma solução a essa situação. O crente, embora seja chamado individualmente, também é chamado para se relacionar com outros crentes. A fé cristã e o isolacionismo são ideias antagônicas.

Atualmente, a mensagem cultural que prevalece é "viva sua própria verdade". Aqui, não estou sugerindo que a cultura tenha produzido uma nova e querida ideia. Ela apenas rotulou o mesmo velho individualismo de que nada há de novo debaixo do sol, que adora a si mesmo, com uma versão linguística mais moderna. "Siga seu coração", "Se você se sente bem com isso, faça" ou mesmo as palavras de Pilatos a Jesus, ao indagar "O que é a verdade?", essas são formas de se dizer que a verdade está no olho de quem vê. Poderíamos substituir qualquer uma dessas frases no lugar daquela que a Serpente disse, "Certamente não morrerás", e a história da Queda permaneceria inalterada.

De uma forma problemática, desde o jardim, o pecado é sentido como mais normal para nós do que a justiça. "Viver a minha verdade" é viver aquilo que me parece normal, andar do jeito que parece certo ao homem (Pv 14.12). O problema de viver a minha verdade é que, acima de tudo, o coração é enganoso e desesperadamente corrupto (Jr 17.9). Isso cria uma falsa realidade para mim, com base em minhas preferências naturais, uma realidade segundo a qual minhas preferências e meus desejos tendem a ter precedência sobre as preferências e os desejos dos outros. Inevitavelmente, viver minha própria verdade vai prejudicar outra pessoa, de modo que ela não poderá viver a sua própria verdade se as nossas preferências forem antagônicas. Viver minha própria verdade destrói minha capacidade de viver da forma como deveria em comunidade, uma comunidade fundamentada não por eu atuar com todas as minhas preferências pessoais, mas abrindo mão delas pelo bem do próximo. O problema de viver segundo a minha verdade é que a minha verdade é uma mentira.

Em vez de "viver a minha verdade", quero que Deus me conduza, de modo que eu viva a verdade *dele*, a única verdade que realmente existe — a verdade que rejeita o isolamento em vez de criá-lo. E, ao fazer isso, eu me lanço totalmente na comunidade que somente a verdade partilhada preserva.

PALAVRAS RENOVADORAS

Recentemente, a igreja tem enfatizado a natureza pessoal do evangelho, uma marca distinta e verdadeiramente bela de nossa fé. Porém, de forma inadvertida, algumas vezes, perdemos de vista a natureza corporativa do evangelho. Nossos cultos de adoração frequentemente seguem a mesma tendência. Os sites da igreja podem afirmar credos e alinhar liturgias que confessamos, mas cada vez menos as igrejas confessam esses credos e recitam essas liturgias quando estão reunidas na condição de igreja. A confissão corporativa fica à beira do caminho quando planejamos nosso tempo de reunião como corpo da igreja, enfocando a experiência do indivíduo acima da expressão da comunidade. Corre-se, então, o risco de esse pensamento ecoar a noção totalmente secular de que a verdade é minha, de modo que posso fazer com ela o que bem entender.

Precisamos de nossos momentos de reunião para nos lembrar de que a verdade que procuramos em nossa vida é aquela compartilhada por todos os crentes de nossa congregação. Ademais, é uma verdade que compartilhamos com todo crente que já tenha vivido. É a antiga verdade, a qual não perde em integridade com o passar do tempo. De fato, quanto mais ela permanece, mais seu testemunho é confirmado.

Toda palavra de Deus é verdadeira e boa, mas não apenas isso — nenhuma de suas palavras fica ultrapassada. A prática de pedir a Deus uma "nova palavra", uma nova verdade personalizada para nós, tem-se tornado muito popular. Não creio que diríamos que temos adorado e aderido às antigas palavras de maneira plena a ponto de dar crédito válido ao pedido de *uma nova palavra*. Quando enfrento incerteza ou dificuldade, ou apenas desconforto espiritual, minha percepção é que seria melhor se as palavras fossem dirigidas apenas a mim e às minhas circunstâncias. Não precisamos de novas verdades; precisamos das antigas verdades que recentemente foram esquecidas. Não precisamos de verdades pessoais, mas da verdade compartilhada que foi preservada e transmitida de uma geração que crê para a próxima, personalizada para nós nos dias atuais. E essa verdade compartilhada está disponível nas páginas da Palavra de Deus para mim e para todos que creem.

Jesus disse a seus discípulos, "Se vós permanecerdes na minha palavra, sois verdadeiramente meus discípulos; e conhecereis a verdade, e a verdade vos libertará" (Jo 8.31-32). O chamado de Jesus consiste em que permaneçamos no que ele já deu, naquilo que foi passado para nós. E, quando permanecemos na palavra de Jesus, sabemos o que é a verdade e, portanto, libertamo-nos do erro. Mas não somente isso; também nos libertamos de nossos corações enganosos e recebemos a "verdade no [...] íntimo" (Sl 51.6).

Inspirados pelo Espírito Santo, os escritores da Bíblia escreveram com um significado em vista. Tempo e cultura podem nos separar desse significado, mas nossa tarefa é encontrar a aplicação compartilhada desse significado por todos os tempos, o que transcende toda cultura, a fim de desenterrar o significado almejado no texto. Ver a Bíblia como a verdade compartilhada nos ajuda a evitar o risco de sermos consumidas por "aquilo que este versículo significa para mim" ao estudá-la. Nossa tarefa não é atribuir significado pessoal ao texto. O texto produzirá uma aplicação pessoal, mas ela fluirá de uma interpretação objetiva, cuidadosa e contextualizada do significado que o autor quis dar e se submeterá a essa interpretação. A declaração "o que este versículo significa para mim" só pode ser considerada depois de analisarmos atentamente "o que significa este versículo".

Mesmo na condição de pessoas com olhos espirituais para reconhecer a verdade, às vezes somos seletivas quanto às verdades que contemplamos. Podemos nos fixar demais em uma parte do elefante, amando uma parcela em detrimento do todo. O crente é desafiado a buscar e observar a verdade, toda a verdade, e nada além da verdade. E todo conselho da Palavra de Deus é essencial para que possamos cumprir esse encargo.

CONHEÇA A VERDADE

No mundo das artes, as pinturas fraudulentas representam um risco para negociantes e consumidores. É muito importante saber quando uma obra é falsa. O mesmo é verdadeiro quanto a dinheiro falsificado. E, mesmo na era do comércio pela internet, o dinheiro falsificado continua a ser um problema de enormes proporções. Nos Estados Unidos, o Federal Reserve Bank of Chicago estima que mais de 61 milhões de dólares em notas falsas estejam circulando atualmente.[2] Os falsificadores dependem de nossa incapacidade de reconhecer a diferença entre pinturas ou notas reais e falsas. Mas os investigadores de fraudes não podem aprender a encontrar uma falsificação estudando apenas os objetos falsificados. A melhor arma de que eles dispõem para detectar uma fraude é o conhecimento do original, do verdadeiro. Aprendemos a discernir o falso quando estudamos o que é verdadeiro.

O mesmo acontece com os discípulos de Jesus. Não podemos discernir o que é falso se não treinarmos nossos olhos sobre o que é verdadeiro. A melhor arma que temos para

---

2 Geoff Williams, "In the Age of Digital Money, Counterfeit Bills Still a Problem", *U.S. News and World Report online*, acesso em 25 abr. 2013. Disponível em https://money.usnews.com/money/personal-finance/articles/2013/04/25/how-to-spot-counterfeit-money.

discernir entre o verdadeiro ensino e o ensino falso, e entre pecado e retidão, é "a espada do Espírito [...] a palavra de Deus" (Ef 6.17). A palavra de Deus é uma arma forjada para combater a falsidade. Temos de saber usar a Bíblia corretamente, e precisamos conhecê-la de forma compreensiva tanto quanto possível enquanto vivermos. Se a batalha espiritual é prevista pelo Pai da Mentira, temos de nos armar com a verdade. A verdade é um livro, e esse livro é uma arma.

A verdade é também uma pessoa.

Jesus Cristo, a Palavra que se fez carne, personifica a verdade para nós. Ele declara, sobre si mesmo, que é "o caminho, a verdade e a vida" (Jo 14.6). Ele nos mostra como a verdade, manejada do modo correto, é. Com ela, Jesus repreende os fariseus e atrai os desviados para si. Com ela, ele despedaça as mentiras de Satanás no deserto. Com ela, ele instrui os discípulos e corrige os falsos ensinos de seu tempo. A Palavra da Verdade afirma: "Na verdade, na verdade vos digo" e abençoa todo aquele que responde com um amém.

Ele subiu ao céu, mas nós permanecemos aqui. Nós agora somos a representação da verdade, os guardiões da realidade, "a igreja do Deus vivo, coluna e baluarte da verdade (1Tm 3.15). Qual é a vontade de Deus para sua vida? A vontade dele é que conheçamos a verdade (Jo 8.32). Que andemos na verdade (3Jo 1.4). Que falemos a verdade em amor (Ef 4.15). Que sejamos santificadas na verdade (Jo 17.17). Que nos regozijemos na verdade (1Co 13.6). Que possamos manejar bem a verdade (2Tm 2.15). Que obedeçamos à verdade (1Pe 1.22).

A vontade de Deus é que assumamos nosso lugar na comunidade de crentes como portadoras da verdade em um mundo cheio de mentiras. A honestidade deve caracterizar todos os nossos afazeres, grandes ou pequenos, para que, quando perguntarem a razão de nossa fé, nossa credibilidade seja uma conclusão indubitável. E, quando nos for indagado, que possamos proclamar Cristo como o caminho, a verdade e a vida. Convidemos as pessoas para aquilo que é real.

VERSÍCULOS PARA MEDITAÇÃO
Números 23.19
Salmos 19.9
Salmos 119.160
Isaías 45.19
João 1.14
João 8.31-32
João 17.17-19

PERGUNTAS PARA REFLEXÃO
1. Em que medida você é propensa a mentir ou mascarar a verdade? Em quais situações você tende mais a mentir? O que você está tentando proteger ou do que procura fugir quando mente?
2. Como o relativismo moral ("o que é certo para você pode não ser certo para mim") tem formado seu pensamento? Quais motivos subjacentes nos impelem a assumir o relativismo moral?

3. Como a confissão do pecado está relacionada a ser alguém que anda na verdade? O que uma indisposição ou uma lentidão em confessar o pecado indicam sobre quanto valorizamos ser verdadeiras?
4. Como o desejo de crescer na verdade pode impactar positivamente nosso relacionamento com Deus? Como pode impactar positivamente nossos relacionamentos com as outras pessoas? Dê um exemplo específico para cada situação.

ORAÇÃO

Escreva a Deus uma oração pedindo que ele grave em seu íntimo a sua verdade. Peça que ele crie em você ódio pela desonestidade, discernimento para o falso ensinamento e amor pela verdade da sua Palavra. Agradeça-lhe pela liberdade que você recebeu por meio de Jesus Cristo, a autêntica Verdade de Deus.

10
Sábio

DEUS TOTALMENTE SÁBIO

> *A Deus, o único verdadeiramente sábio,*
> *Nosso Salvador e Rei,*
> *Que todos os santos abaixo dos céus*
> *Entoem, humildes, seus louvores!*
> — Isaac Watts, 1707

Em 2 de outubro de 1950, a sabedoria foi tranquilamente anunciada com quatro desenhos feitos à mão e emoldurados em preto e branco, na seção de quadrinhos do jornal. Naquele dia, o mundo foi apresentado a Charlie Brown, desajeitado e amável personagem central de um grupo de crianças (além de um cachorro e um pássaro) que encantaria seus leitores por cinquenta anos, como a turma Peanuts.[1] No auge de sua popularidade, a tirinha amada de Charles Schulz era publicada em

---

1 Katherine Brooks, "10 of the Best Snoopy Moments to Celebrate 'Peanuts' 63rd Anniversary", *Huffpost*, acesso em 2 out. 2013. Disponível em https://www.huffingtonpost.com/2013/10/02/peanuts-anniversary_n _4025927.html/.

mais de 2.600 periódicos, alcançando cerca de 355 milhões de leitores em 75 países.²

Qual era o segredo desse sucesso? Sem dúvida, as lutas enfrentadas pelos personagens estavam relacionadas às dificuldades comuns dos leitores, e o humor que Schultz extraía dessas lutas apelava a nós, porém uma peça adicional desse gênio da escrita estava em jogo: as crianças de Schultz falavam com sabedoria além da sua idade:

> "Desenvolvi uma nova filosofia. Só tenho medo um dia de cada vez." (Charlie Brown)
> "A vida é como uma bicicleta de dez marchas... alguns de nós temos marchas que nunca usamos." (Linus van Pelt)
> "É só natureza humana... todos nós precisamos de alguém que nos dê um beijo de despedida." (Marcie Johnson)³

Em livros e no cinema, amamos essa coisa de criança sabida. C. S. Lewis e J. K. Rowling demonstraram o apelo e o poder duradouros de seus personagens. A ideia é intrigante, pois, intuitivamente, associamos sabedoria a idade e maturidade. A sabedoria profunda não é a norma entre as crianças — com maior frequência, é produto de muitos

---

2 Pamela J. Podger, "Saying Goodbye: Friends and Family Eulogize Cartoonist Charles Schulz", *SFGATE*, acesso em 22 fev. 2000. Disponível em http://www.sfgate.com/bayarea/article/SAYING-GOODBYE-Friends-and-family-eulogize-2774210.php/.

3 Reader's Digest, "10 Great Quotes from the 'Peanuts' Comic Strip", *Reader's Digest online*, acesso em 3 abr. 2017. Disponível em https://www.rd.com/culture/peanuts-quotes/.

DEUS TOTALMENTE SÁBIO

anos de aprendizado e experiência. Quando procuramos um mentor, ninguém vai à pré-escola.

Jó reflete: "Está a sabedoria com os idosos e, na longevidade, o entendimento?" (Jó 12.12). Pense, então, em quanta sabedoria reside naquele que é chamado Ancião de Dias. A sabedoria está estreitamente relacionada ao conhecimento, embora seja distinta dele. O conhecimento conta com os fatos. A sabedoria é a capacidade de alcançar os melhores propósitos com esses fatos. A sabedoria é a capacidade de tomar boas decisões com base no conhecimento que se tem. O ser humano mais sábio que você conhece é capaz de fazer escolhas ruins simplesmente porque não conhece todos os fatos. Os humanos sábios fazem escolhas sábias ao tomar os fatos conhecidos e extrapolar o melhor curso de ação.

Como Deus não é limitado pelo tempo, é capaz de determinar o fim desde o começo, agindo dentro do tempo com perfeita consciência de todos os resultados possíveis. Pense, então, em quanta sabedoria reside naquele que tem todo o conhecimento. E, como Deus possui todo o conhecimento, é capaz de escolher os propósitos perfeitos.

Deus, ao contrário de mim e de você, jamais extrapola. Ele conhece todos os fatos, combina-os com entendimento perfeito e sempre escolhe com sabedoria. Os seres humanos sábios podem ter o juízo anuviado por preconceitos pessoais, mas Deus também está livre dessa limitação. Sua sabedoria é perfeita. É também implicitamente boa. É possível falarmos de uma pessoa malévola como um "gênio do mal", mas não creditamos a essa pessoa sabedoria. A sabedoria implica bondade moral, que Deus possui em suprimento infinito. Os caminhos por ele escolhidos sempre são sábios e bons.

Embora, nos seres humanos, a sabedoria seja um sinal de maturidade, em Deus é simplesmente um fato. Ele não cresce em sabedoria — ele é infinitamente sábio e sua sabedoria nunca aumenta nem diminui. Deus compreende tudo exatamente do modo certo e faz tudo do jeito certo. Sempre foi assim e sempre será. Sua sabedoria transcende a sabedoria humana por uma distância infinita: "Porque a loucura de Deus é mais sábia do que os homens; e a fraqueza de Deus é mais forte do que os homens" (1Co 1.25).

SABEDORIA E LOUCURA

Dada a nossa capacidade relativamente limitada de obter e reter conhecimento, surpreende quando qualquer uma de nós recebe a designação de "sábia". Mas, de forma surpreendente, os seres humanos conseguem agir com sabedoria se assim escolherem. Embora a sabedoria esteja associada à maturidade, não é um dom garantido do processo de envelhecimento. É possível viver uma vida desprovida de sabedoria do começo ao fim.

Como fomos projetadas para viver em comunidade, uma vida gasta na loucura sempre vai afetar mais que apenas o indivíduo que escolheu tomar esse caminho. A sabedoria é desejável entre os humanos porque, quando escolhemos os melhores resultados, buscamos servir a um bem maior, e não apenas a nós mesmas. A sabedoria auxilia a comunidade. Permite que

DEUS TOTALMENTE SÁBIO

vivamos em paz uns com os outros. A loucura procura servir somente a si mesma, empurrando a comunidade para o caos.

A loucura é o "caminho que ao homem parece direito" (Pv 14.12). Com nosso usual apreço pelo que está às avessas, chamamos de sabedoria o que é loucura e de loucura aquilo que é sabedoria. O apóstolo Paulo advertiu a igreja de Corinto quanto a essa tendência de chamar a loucura de sabedoria:

> "Ninguém se engane a si mesmo: se alguém dentre vós se tem por sábio neste século, faça-se estulto para se tornar sábio. Porque a sabedoria deste mundo é loucura diante de Deus; porquanto está escrito: Ele apanha os sábios na própria astúcia deles. E outra vez: O Senhor conhece os pensamentos dos sábios, que são pensamentos vãos" (1Co 3.18-20).

Amamos nos enganar dizendo que fazer a escolha certa implica escolher a nós mesmas. Amamos enganar os outros dizendo que, quando escolhemos a nós mesmas, não somos, na verdade, egoístas. Tornamo-nos sábias aos nossos próprios olhos, como diz Provérbios, com uma aparência de sabedoria, mas, internamente, almejando a aprovação dos outros.

Quando a Bíblia faz distinção entre a sabedoria de Deus e a sabedoria do mundo, não está destacando uma forma mais elevada de sabedoria; está fazendo distinção entre verdade e falsidade, entre sabedoria e loucura. A sabedoria do mundo não é, de forma alguma, sabedoria. Tiago escreve:

> "Quem entre vós é sábio e inteligente? Mostre em mansidão de sabedoria, mediante condigno proceder, as suas obras. Se, pelo contrário, tendes em vosso coração inveja amargurada e sentimento faccioso, nem vos glorieis disso, nem mintais contra a verdade. Esta não é a sabedoria que desce lá do alto; antes, é terrena, animal e demoníaca. Pois, onde há inveja e sentimento faccioso, aí há confusão e toda espécie de coisas ruins. A sabedoria, porém, lá do alto é, primeiramente, pura; depois, pacífica, indulgente, tratável, plena de misericórdia e de bons frutos, imparcial, sem fingimento. Ora, é em paz que se semeia o fruto da justiça, para os que promovem a paz" (Tg 3.13-18).

Note o forte contraste que Tiago faz. A sabedoria mundana e a sabedoria piedosa são excludentes e contraditórias:

> A sabedoria do mundo promove a si mesma. A sabedoria piedosa eleva as outras pessoas.
> A sabedoria do mundo procura as posições mais destacadas. A sabedoria piedosa busca os lugares mais humildes.
> A sabedoria do mundo evita o espelho da Palavra. A sabedoria piedosa submete-se ao espelho da Palavra.
> A sabedoria do mundo confia nas posses terrenas. A sabedoria piedosa confia nos tesouros do céu.

> A sabedoria do mundo gaba-se. A sabedoria piedosa é lenta para falar.
>
> A sabedoria do mundo diz que as provações nos derrubam. A sabedoria piedosa diz que as provações nos tornam mais maduras.
>
> A sabedoria do mundo diz que a tentação não é grande coisa. A sabedoria piedosa diz que ceder à tentação leva à morte.
>
> A sabedoria do mundo diz: "É ver para crer". A sabedoria piedosa diz: "Bem-aventurados os que não viram e creram" (Jo 20.29).
>
> A sabedoria do mundo usa a força. A sabedoria piedosa trabalha em mansidão.

Em termos simples, qualquer pensamento, palavra ou ação que comprometam nossa capacidade de amar a Deus e ao próximo é loucura. Loucura total. O ápice da estupidez. Os que são sábios conforme o mundo colocam-se em oposição a Deus, operam a partir da própria perspectiva do que é melhor, uma perspectiva que busca somente os próprios interesses.

Mas o mesmo escritor que implora que possamos distinguir e evitar a sabedoria do mundo deseja que saibamos como ter a sabedoria piedosa. Tiago nos lembra de que a sabedoria piedosa é nossa quando pedimos: "Se, porém, algum de vós necessita de sabedoria, peça-a a Deus, que a todos dá liberalmente e nada lhes impropera; e ser-lhe-á concedida" (Tg 1.5). Essa é uma declaração maravilhosa. Falta sabedoria? Simplesmente peça e Deus lhe dará. Ponto-final.

Se você acha que lhe faltam compreensão e entendimento, considere a possibilidade de que não os tem porque não pediu. Deus está esperando seu pedido. E está pronto a concedê-lo.

PEDINDO SABEDORIA

Em 1 Reis 3, encontramos o rei Salomão fazendo exatamente aquilo que Tiago instruiu que fosse feito. Provavelmente ele estava na casa dos vinte anos quando subiu ao trono, depois de o rei mais célebre de Israel, seu pai, Davi, morrer. É difícil governar uma grande nação, porém mais difícil ainda é fazê-lo à sombra de um pai que era uma lenda. Deus diz a Salomão que concederá o que ele pedir. E, ao enfrentar o cenário clássico do gênio da lâmpada, Salomão não pede riquezas ou poder, mas sabedoria para discernir entre o bem e o mal, para governar de forma sábia. E Deus concede isso. Imediatamente, Salomão se vê em um julgamento público de sua capacidade de governar. Com os olhos de toda a nação sobre si, Salomão ouve duas mulheres acusando-se reciprocamente.

Elas são prostitutas e vivem na mesma casa, e ambas recentemente deram à luz. É surpreendente que esse caso tenha sido ouvido, pois ambas habitavam o mais baixo grau do patamar social. Desse modo, simplesmente por ouvi-las, Salomão já havia demonstrado a sabedoria da compaixão e do não favoritismo. Maior sabedoria, porém, será requerida para a administração da justiça. Um dos bebês morreu, e as mulheres disputam de quem é a criança que está viva. É a palavra de uma mulher contra a palavra da outra. Não existem câmeras de segurança ou testemunhas oculares; não existem exames de DNA para estabelecer o parentesco. Temos somente Salomão, com o escrutínio de um mar de olhos aguardando para ver como ele vai governar.

É nesse ponto que nós agiríamos de modo diferente — mais espiritualmente, se preferir — do que Salomão fez. Ao enfrentar uma situação aparentemente insolúvel, pediríamos a todos um breve momento para buscar a resposta do Senhor. Abaixaríamos as cabeças piedosamente e oraríamos: "Senhor, tu sabes todas as coisas. Tu desejas justiça. Por favor, diga-me a identidade certa da mãe".

O que poderia estar errado nessa oração? É um pedido franco por sabedoria numa situação difícil, não é? No entanto, não foi o que Salomão fez. Em vez disso, em um dos cenários mais dramáticos de toda a Escritura, Salomão ordena: "Trazei-me uma espada [...] Disse o rei: Dividi em duas partes o menino vivo e dai metade a uma e metade a outra" (1Rs 3.24-25). Então, imediatamente, a mãe verdadeira intercede, implorando que o bebê seja salvo e entregue à sua adversária. Sua identidade é revelada, sua criança é restaurada a ela e "todo o Israel ouviu a sentença que o rei havia proferido; e todos tiveram profundo respeito ao rei, porque viram que havia nele a sabedoria de Deus, para fazer justiça" (1Rs 3.28).

SABEDORIA *VERSUS* CONHECIMENTO

Eu gosto de muitas coisas nessa história. Gosto do fato de que até o menor em Israel recebe justiça e compaixão em vez de "caso encerrado". Gosto de ver que a boa mãe recebe de volta seu filho. Gosto porque um líder jovem recebe encorajamento e confirmação. Porém, acima de tudo, gosto de como essa história esclarece para nós o que significa agir com sabedoria.

Se enfrentássemos uma situação assim, você e eu faríamos uma oração pedindo sabedoria quando, de fato, seria uma oração por conhecimento. Com frequência, confundimos sabedoria e conhecimento. Salomão, que já estava certo de haver recebido sabedoria de Deus, não pede conhecimento a Deus. Ele já conta com todo o conhecimento necessário para agir de forma sábia. Salomão toma o que já conhece da natureza humana, sobre o desejo natural de uma mulher proteger seu filho, e usa isso para expor os verdadeiros motivos das duas mulheres. E Deus honra a fé que ele demonstra nesse processo.

Frequentemente, costumamos orar por sabedoria quando, de fato, estamos em busca de conhecimento. Diga-me o que tenho de fazer, Senhor. Diga qual compromisso devo aceitar, quais palavras devo falar, onde devo morar, para quem devo trabalhar. Algumas vezes, até lembramos a Deus que, em Tiago 1.5, ele nos prometeu sabedoria caso pedíssemos. Mas não estamos pedindo entendimento; pedimos informação. E, ao fazermos isso, mostramos nossa indisposição de sair da imaturidade para a maturidade como discípulos.

Minha filha Mary Kate está passando as férias de verão em casa (durante o ano, ela frequenta uma faculdade em outra cidade, que fica longe daqui). Ela tem vinte anos. Imagine se ela entrasse na cozinha numa manhã de junho aqui no Texas e me perguntasse: "Mãe, o que você acha? Hoje devo vestir uma blusa de lã ou uma camiseta? Mãe, o que devo tomar no café da manhã? Mãe, quais sapatos devo calçar?".

Na sua idade, essas perguntas seriam totalmente fora de propósito e até mesmo representariam uma razão para eu me preocupar. Minha tarefa como mãe é criar meus filhos para que tenham a estrutura interna necessária para tomar suas próprias decisões. Aos vinte anos, eu não devia estar dando informações dessa natureza.

O que dizer, então, do nosso Pai celestial? Depois de agraciar Salomão com uma estrutura interna para a tomada de decisões, Salomão não pede conhecimento no momento da tomada de decisão. Ele usa o próprio conhecimento para tomar a melhor decisão possível. A sabedoria é uma marca de maturidade espiritual. O autor de Hebreus observa essa conexão:

> "Pois, com efeito, quando devíeis ser mestres, atendendo ao tempo decorrido, tendes, novamente, necessidade de alguém que vos ensine, de novo, quais são os princípios elementares dos oráculos de Deus; assim, vos tornastes como necessitados de leite e não de alimento sólido. Ora, todo aquele que se alimenta de leite é inexperiente na palavra da justiça, porque é criança. Mas o alimento sólido é para os adultos, para aqueles que, pela prática, têm as suas faculdades exercitadas para discernir não somente o bem, mas também o mal" (Hb 5.12-14).

Aquele que é espiritualmente maduro desenvolve a capacidade de discernir o que é bom e o que é mau. Assim, vai além de afirmar verdades básicas para internalizá-las, de modo a perceber de maneira diferente o mundo. Ele é transformado pela renovação da mente: "transformai-vos pela renovação da vossa mente, para que experimenteis qual seja a boa, agradável e perfeita vontade de Deus" (Rm 12.2).

Seria bom se o resto da história de Salomão tivesse seguido o curso de seus primeiros anos de reinado. Mais tarde em sua vida, ele se afastou do caminho da sabedoria piedosa para um caminho de loucura. O homem que escreveu "o temor do Senhor é o princípio da sabedoria" (Pv 9.10) trocou o temor do Senhor pelo temor dos homens, trocando, portanto, a sabedoria pela loucura. Ele se dedicou à sensualidade, à riqueza e ao poder. Sua história nos ensina que não existe "uma vez sábio, sempre sábio" na vida de qualquer um, exceto do próprio Deus. Como ocorre com a paciência, a misericórdia e a graça, temos de permanecer sempre conscientes de nossa necessidade de obter suprimento suficiente de sabedoria.

CONTINUE PEDINDO

No Sermão do Monte, Jesus diz a seus discípulos "Pedi, e dar-se-vos-á; buscai e achareis; batei, e abrir-se-vos-á. Pois todo o que pede recebe; o que busca encontra; e, a quem bate, abrir-se-lhe-á" (Mt 7.7-8). Lemos essas palavras e começamos a fazer uma lista das informações ou das posses que queremos receber de Deus. Mas creio que Jesus tem em mente uma lista melhor de pedidos quando dá essas instruções. Os discípulos de Jesus, assoberbados pelo alto preço de segui-lo, não teriam ouvido sua declaração como um convite para pedir novos barcos pesqueiros ou casas maiores. Eles teriam ouvido como um convite para pedir recursos espirituais — paciência, coragem, compaixão, talvez — ou sabedoria. Não é por acaso que a diretiva de Jesus quanto a pedir é muito semelhante à de seu meio-irmão Tiago, quanto a pedir por sabedoria.

O tempo verbal de *pedir*, *buscar* e *bater* comunica um pedido que não é único, mas contínuo: continue pedindo, continue buscando, continue batendo à porta. Para quem entende a tristeza e a destruição de uma vida de loucura, nenhum pedido de oração será mais urgente ou mais contínuo do que o pedido por sabedoria.

Se a alguém falta sabedoria, *continue* pedindo a Deus.

Como Deus dá sabedoria? Como podemos esperar desenvolver esse senso interior de discernimento entre o bem e o mal? Fazemos isso quando declaramos como Salomão fez, "Tragam-me uma espada": "Porque a palavra de Deus é viva, e eficaz, e mais cortante do que qualquer espada de dois gumes, e penetra até ao ponto de dividir alma e espírito, juntas e medulas, e é apta para discernir os pensamentos e propósitos do coração" (Hb 4.12).

A Palavra de Deus nos dá discernimento para aquilo que, sem dúvida, mais precisamos: os pensamentos e as intenções do próprio coração. Quando vemos nossa própria depravação, desenvolvemos uma reverência correta (temor) do Senhor. A sabedoria começa a se formar em nós. Quando Deus aponta para nosso pecado, somos sábias em nos desviar disso. O ato mais básico da sabedoria é o arrependimento. O ato de nos desviar do pecado nos treina para odiá-lo, antevendo os pontos de tentação e buscando a ajuda do Espírito Santo para encontrar o caminho de escape.

Não é coincidência que a falta de discernimento e a negligência em relação à Bíblia tantas vezes caminhem juntas. A Bíblia contém as antigas palavras de sabedoria para nós e nos fala do exemplo de Cristo, que se tornou sabedoria da parte de Deus para nós:

> "Irmãos, reparai, pois, na vossa vocação; visto que não foram chamados muitos sábios segundo a carne, nem muitos poderosos, nem muitos de nobre nascimento; pelo contrário, Deus escolheu as coisas loucas do mundo para envergonhar os sábios e escolheu as coisas fracas do mundo para envergonhar as fortes; e Deus escolheu as coisas humildes do mundo, e as desprezadas, e aquelas que não são, para reduzir a nada as que são; a fim de que ninguém se vanglorie na presença de Deus. Mas vós sois dele, em Cristo Jesus, o qual se nos tornou, da parte de Deus, sabedoria, e justiça, e santificação, e redenção, para que, como está escrito: Aquele que se gloria, glorie-se no Senhor" (1Co 1.26-31).

Se qualquer uma de nós é fraca, se qualquer uma de nós é tola, se qualquer uma de nós se tem gloriado nas coisas inferiores, temos de voltar os olhos para Cristo Jesus, que, para nós, se tornou a sabedoria de Deus.

Salomão parou de pedir. Que nunca seja dito de nós o mesmo!

Qual é a vontade de Deus para sua vida? Se falta sabedoria a algumas de nós, devemos pedi-la a Deus!

VERSÍCULOS PARA MEDITAÇÃO

Jó 12.13-17
Jó 36.5
Salmos 147.5
Provérbios 2.6
Isaías 55.8-9
Daniel 2.20
Romanos 11.33
Romanos 16.25-27

PERGUNTAS PARA REFLEXÃO

1. Se Deus dissesse a você que daria qualquer coisa que você pedisse, será que sabedoria seria seu primeiro pedido? Como um pedido por sabedoria alteraria sua lista atual de pedidos diante do Senhor?
2. Pense em seu maior momento (ou período) de loucura. Como Deus usou essa experiência para aumentar a sabedoria em sua vida, ao amadurecer mais a sua fé? O que ele lhe ensinou?

3. Pense na pessoa mais sábia que você já conheceu. Como essa pessoa modelava a sabedoria de Deus para você? Como seu exemplo lhe ensinou a discernir entre o bem e o mal?
4. Como o desejo de crescer em sabedoria em nosso relacionamento com Deus pode ter impacto positivo? Como pode impactar positivamente nosso relacionamento com o próximo? Dê um exemplo para cada situação.

ORAÇÃO

Escreva uma oração a Deus pedindo que mostre em que aspectos a sabedoria do mundo tem governado seus pensamentos, palavras e atos. Peça que lhe mostre em que áreas você tem procurado conhecimento em vez de discernimento. Peça que ele não apenas lhe conceda sabedoria, como também estimule você a continuar pedindo sabedoria. Louve-o por nos revelar sabedoria em sua Palavra e no exemplo de Cristo. Agradeça a ele por dar sabedoria a quem pede.

Conclusão

GRAVADA COM SUA IMAGEM

*"Dai a César o que é de César e a Deus o que é de Deus.
E muito se admiraram dele."*
Mc 12.17

Nas primeiras linhas deste livro, pedi que considerassem que a esperança do evangelho em nossa santificação não é simplesmente que façamos escolhas melhores, mas que possamos *nos tornar pessoas melhores*. Ao fazermos a melhor pergunta de todas "Quem devo ser?", descobrimos que a vontade de Deus para nossa vida não está encoberta. A Bíblia está repleta de exortações à forma de refletir nosso Criador à medida que vamos nos tornando cada vez mais parecidas com Cristo.

Mas, diante da sugestão de que devemos nos tornar pessoas melhores, como podemos evitar sucumbir a algo semelhante a um programa cristianizado de autoajuda? Como podemos evitar cair numa disposição mental que nada mais é do que uma modificação comportamental? Não nos enganemos, a Bíblia nos ensina que uma modificação comportamental significativa e absoluta deve seguir a salvação. Mas isso ocorre por uma razão diferente da que acontece na vida do não crente. Existe diferença entre autoajuda e santificação, e essa diferença reside no motivo do coração.[1]

Procuramos ser santos assim como Deus é santo, como um ato alegre de gratidão. Jamais buscamos a santidade como meio de merecer o favor de Deus ou de evitar seu desprazer. Nós temos seu favor, e seu prazer repousa sobre nós. O motivo da santificação é a alegria.

A alegria é nosso motivo e nossa recompensa. Jesus fez essa conexão quando falou a seus discípulos:

> "Se vocês obedecerem aos meus mandamentos, permanecerão no meu amor; assim como tenho obedecido aos mandamentos de meu Pai e em seu amor permaneço. Tenho dito estas palavras para que a minha alegria esteja em vocês e a alegria de vocês seja completa" (Jo 15.10-11, NVI).

A alegria plena é o resultado de buscarmos refletir nosso Criador. Para isso é que fomos criadas. Essa é a vontade de Deus para nossas vidas.

---

[1] Jen Wilkin, "Failure Is Not a Virtue," The Gospel Coalition website, acesso em 1 maio 2014. Disponível em https://www.thegospelcoalition.org/article/failure-is-not-a-virtue/.

CONCLUSÃO

Quando eu estava no ensino fundamental, compartilhava com meus dois irmãos mais velhos o interesse por colecionar moedas. Fizemos uma coleção modesta de moedas — uma moeda de dez centavos, Mercury Dime, alguns centavos com desenho de trigo, um dólar de prata com a efígie de Eisenhower, um dólar de prata de Morgan, de 1900, descoberto e esquecido em uma caixa de lembranças de um antigo membro da família que já morreu. Tínhamos muito orgulho de nossas moedas. Nós as guardávamos como troféus em uma grande caixa achatada de papelão com tampa de vidro. E não imaginávamos que essa tampa de vidro acabaria se provando mais valiosa do que a própria coleção de moedas.

A porta da frente da nossa casa tinha uma janela circular no nível dos olhos, coberta, do lado de dentro, por uma pequena cortina transparente. Certo dia, enquanto nossa mãe estava no trabalho, acidentalmente quebramos essa janela. Vou deixar para você imaginar as circunstâncias que envolveram o acidente, mas você pode presumir que alguma travessura estava por trás de tudo. Temendo a justa desaprovação de nossa mãe, unimo-nos em um ato raríssimo de solidariedade fraternal: ocultar o crime e consertar a janela. Juntamos nosso dinheiro e agendamos o conserto, mas haveria uma espera de três dias antes de o vidraceiro vir à nossa casa para substituir o vidro quebrado. Ficamos em pânico. Três dias abafados e quentes de verão no Texas é tempo demais para esconder uma janela quebrada e logo a mamãe estaria em casa, de volta do trabalho. Em um gesto de genialidade malandra, usamos fita adesiva para colar aquela tampa de vidro da coleção de moedas e, assim, cobrir a janela atrás da cortina. A mamãe nunca descobriu.

Hoje, como mãe responsável, quando penso naquela coleção de moedas, o primeiro pensamento é nunca deixar os filhos em casa sozinhos sem supervisão. Mas meu segundo pensamento — como professora da Bíblia — volta-se para uma história relatada para nós no Evangelho de Marcos.

A HISTÓRIA QUE NÃO TRATA DE IMPOSTOS

Em Marcos 12, perguntam a Jesus a respeito de pagar impostos. Dois grupos adversários de judeus, os herodianos e os fariseus, tentaram fazer Jesus cair na armadilha de afirmar que Roma era o governo de direito. Os romanos empregavam judeus como cobradores de impostos (com frequência, injustamente) de seu próprio povo. Mateus, discípulo de Jesus, era um desses cobradores de impostos antes de sua conversão. O assunto que envolvia pagar imposto a Roma era extremamente polêmico e, se os inimigos conseguissem fazer com que Jesus falasse em prol desse sistema, poderiam facilmente instigar uma multidão contra ele.

Com um falar suave, os adversários judeus fizeram a seguinte pergunta: É lícito ou não pagar tributo a César? Jesus sabia que a pergunta era uma armadilha e respondeu de seu modo típico: usando a pergunta deles para responder a uma questão ainda mais importante, que tratava não dos atos externos, mas, sim, da motivação interna. Pediu, então, que

CONCLUSÃO

trouxessem um denário, a moeda usada para pagar impostos. E Jesus fez uma pergunta também ardilosa: "De quem é esta efígie e inscrição? Responderam: De César. Disse-lhes, então, Jesus: Dai a César o que é de César e a Deus o que é de Deus. E muito se admiraram dele" (Mc 12.16-17).

Lemos essa história e notamos que algo na resposta de Jesus descarrilou a armadilha que eles tentaram montar para ele, deixando-os admirados e um pouco enrascados, mesmo que, aos nossos ouvidos modernos, isso não pareça assim tão forte. Mas um pouco de entendimento proveniente de um colecionador de moedas mediano pode nos ajudar a entender melhor o que aconteceu.

É provável que a moeda mostrada a Jesus fosse um denário do imperador Tibério. Dois mil anos depois, essas moedas ainda existem. Você pode até comprar uma pelo site eBay por cerca de oitocentos dólares. As moedas confeccionadas durante o reinado de um imperador eram impressas com a estampa de seu rosto e traziam uma inscrição em volta da efígie. A inscrição em volta do rosto de Tibério diz: "César Augusto Tibério, filho do Divino Augusto", o que reforçava a afirmativa comum de que os césares eram, eles mesmos, deuses. O pai de Tibério, Augusto, tinha sido adorado como um deus por todo o Império Romano durante o tempo em que viveu, e a inscrição procura elevar Tibério a esse mesmo status.

Quando Jesus responde aos seus adversários, não está falando de impostos. Está falando da própria moeda; fala da imagem que era estampada nela. Diz, em essência: "Esta moeda é gravada com a imagem de um 'deus', marcando o que pertence a ele. Vocês, por outro lado, têm gravada a imagem do próprio Deus, marcando que pertencem a ele. Vocês vão se preocupar com suas obrigações terrenas e negligenciar as celestiais, que são exigidas pela imagem que está impressa em vocês? Vocês têm as marcas verdadeiras do Criador. Devolvam a Deus o que é de Deus."

Os líderes judeus dos dias de Jesus demonstravam maior preocupação com quem governava os reinos terrestres do que com quem era o Rei dos céus e da terra. Nesse processo, eles estavam prestando culto a falsos deuses. Podemos ser culpadas de fazer o mesmo. Sempre estamos procurando modelar um ídolo.

ÍDOLOS INADEQUADOS

Quando Deus deu a Lei a Moisés, no Monte Sinai, entregou um conjunto de dez mandamentos. Oito deles são declarados de forma breve, mas dois são expressos com mais detalhes. O mais comprido é o quarto mandamento, para se santificar o sábado. O segundo maior, apenas um pouco mais curto, é o segundo mandamento:

> "Não farás para ti imagem de escultura, nem semelhança alguma do que há em cima nos céus, nem embaixo na terra, nem nas águas debaixo da terra. Não as adorarás, nem lhes darás culto; porque eu sou o SENHOR, teu Deus, Deus zeloso, que visito a iniquidade dos pais nos filhos até à terceira e quarta geração daqueles que me aborrecem e faço misericórdia até mil

CONCLUSÃO

gerações daqueles que me amam e guardam os meus mandamentos" (Êx 20.4-6).

Embora apenas o quarto mandamento afirme explicitamente a ideia de relembrar, a extensão tanto do quarto como do segundo mandamento aponta para isso. Quando eu queria que meus filhos pequenos seguissem as instruções, sempre me dedicava mais à explicação das partes menos fáceis de ser lembradas, entendidas ou seguidas. Da mesma forma, Deus dá palavras extras onde há necessidade de maior ênfase.

Precisamos de um lembrete mais firme no que diz respeito ao segundo mandamento, sobre os ídolos. Em certo sentido, trata-se de uma extensão do primeiro mandamento, de não haver outros deuses diante de Deus, embora carregue maior especificidade. O termo "imagem de escultura" é traduzido como "imagem", "imagem lavrada" ou "ídolo". Lemos o segundo mandamento e reconhecemos que Deus não quer que tomemos materiais inanimados para formar imagens que passemos a adorar. Achamos isso bastante simples, tentando não notar quanto nossos telefones celulares, nossos carros e nossas contas bancárias se assemelham a essa descrição.

Há, porém, um significado maior para Deus nos ordenar que não façamos imagens esculpidas. Ele mesmo já fez isso: "Também disse Deus: Façamos o homem à nossa imagem, conforme a nossa semelhança" (Gn 1.26).

Em toda a ordem criada, somente os humanos foram projetados para refletir a imagem de Deus. Formar imagens semelhantes de madeira, metal ou barro, de um animal ou de um ser humano, ou mesmo do próprio Deus, só poderia ser, no máximo, a sombra de uma realidade. Pior, seria uma mentira. Deus proíbe a confecção de imagens esculpidas com base no fato de que ele próprio já esculpiu em nós a sua imagem.

O que se pode conhecer sobre Deus a partir dos seres humanos formados à sua imagem é incompleto e está manchado pela Queda. Mas e se houvesse nascido alguém que pudesse restaurar essa imagem ao que deveria ter sido? Aqui, mais uma vez, o entendimento de um colecionador de moedas pode nos ajudar com uma analogia moderna.

A VONTADE DE DEUS, UMA IMPRESSÃO SEM DEFEITO

O Tesouro dos Estados Unidos cria provas para moedas, que são apreciadas pelos colecionadores porque são a versão mais perfeita de determinada moeda que se possa encontrar. Essas provas frequentemente são confeccionadas em ouro, prata ou platina, e não em metais inferiores da moeda que, de fato, está em circulação. Essa é a versão idealizada daquilo que levamos nos bolsos, versão que não é suja pelo uso e abuso do comércio.

Jesus Cristo é a prova viva de Deus, perfeito portador de sua imagem, puro e valioso, não maculado pelo pecado.

Devido à Queda, você e eu temos alta circulação e vamos para todo lado; somos como metal de baixo valor para encher as máquinas de estacionamento. Mas ainda portamos a imagem de nosso Deus, ainda que muito vagamente. Quando

CONCLUSÃO

abraçamos com alegria o chamado para sermos santas assim como ele é santo, aqueles contornos desgastados de sua semelhança começam a ser restaurados em nitidez. Os sulcos e arranhões infligidos pela Queda e por nossa própria loucura começam a ser apagados. E, à medida que vamos crescendo em santidade, amor, bondade, justiça, misericórdia, graça, fé, paciência, verdade e sabedoria, vamos nos tornando cada vez mais parecidas com Cristo, o qual, por sua vez, se parece rigorosamente com Deus.

Tornar-nos pessoas melhores é o processo que reflete com intensa claridade e fidelidade a verdadeira face de Deus. E a vontade de Deus para nossas vidas é que sejamos restauradas ao estado perfeito. A vontade de Deus para nossas vidas é que nos tornemos a prova viva disso.

Tudo que dissermos ou fizermos iluminará ou obscurecerá nossa visão acerca do caráter de Deus. A santificação é o processo de crescermos no caminho da luz com alegria. Por Cristo e pelo Espírito, recebemos novamente acesso à presença de Deus. O resultado é a gloriosa restauração da imagem de Deus no homem.

"E todos nós, com o rosto desvendado, contemplando, como por espelho, a glória do Senhor, somos transformados, de glória em glória, na sua própria imagem, como pelo Senhor, o Espírito" (2Co 3.18).

LEIA TAMBÉM

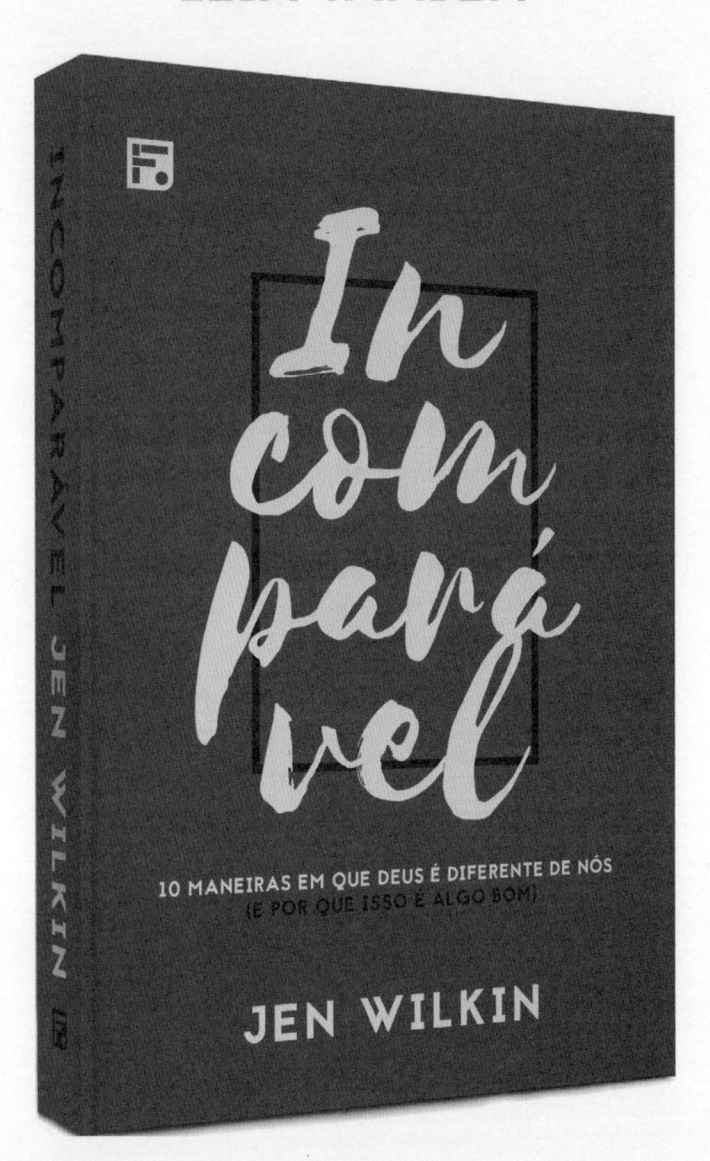

Incomparável

10 maneiras em que Deus é diferente de nós (e por que isso é algo bom)

JEN WILKIN

FIEL MINISTÉRIO

O Ministério Fiel tem como propósito servir a Deus através do serviço ao povo de Deus, a Igreja.

Em nosso site, na internet, disponibilizamos centenas de recursos gratuitos, como vídeos de pregações e conferências, artigos, e-books, livros em áudio, blog e muito mais.

Oferecemos ao nosso leitor materiais que, cremos, serão de grande proveito para sua edificação, instrução e crescimento espiritual.

Assine também nosso informativo e faça parte da comunidade Fiel. Através do informativo, você terá acesso a vários materiais gratuitos e promoções especiais exclusivos para quem faz parte de nossa comunidade.

Visite nosso website

www.ministeriofiel.com.br

e faça parte da comunidade Fiel

Esta obra foi composta em Chaparral Pro Regular 12, e impressa
na Promove Artes Gráficas sobre o papel Pólen Natural 70g/m²,
para Editora Fiel, em Novembro de 2023.